Super
Mots croisés
bibliques

OMEGA 7

ISBN : 9798638982959

1

MOTS CROISES BIBLIQUES

Mots croisés N° 1

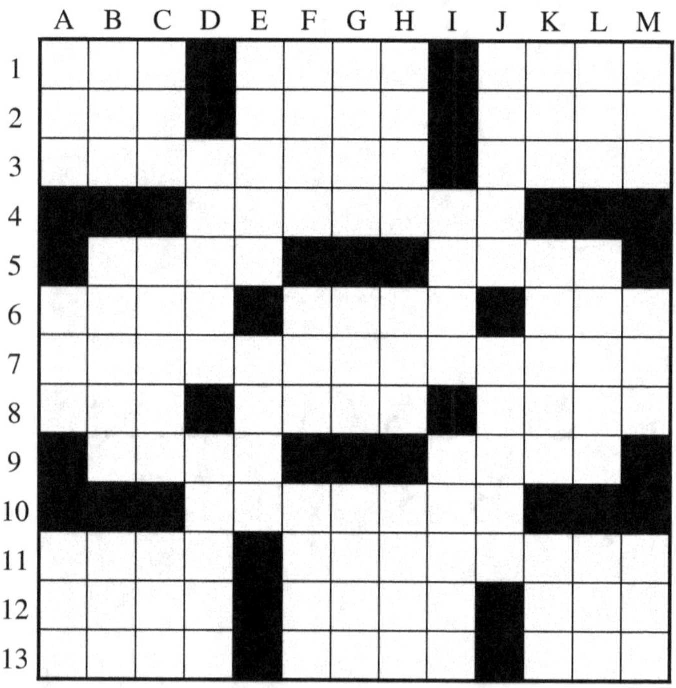

HORIZONTALEMENT 1: (Gen 27:28) de la terre, Du ----- et du vin en abondance!: (Jos 18:25) Gabaon, -----, Beéroth: (2R 18:34) de Sepharvaïm, d'----- et d'Ivva? Ont-ils: **2:** (Esd 10:34) des fils de Bani, Maadaï, Amram, -----: (1Ch 5:13) Schéba, Joraï, Jaecan, Zia et -----, sept: (Mar 15:34) s'écria d'une voix forte:-----, Eloï, lama: **3:** (Ex 5:2) à sa voix, en ----- aller Israël? Je ne: (Nom 3:24) Guerschonites était Eliasaph, fils de -----: **4:** (1Sa 6:18) C'est ce qu'----- la grande pierre: **5:** (Gen 45:4) vous avez vendu pour être ----- en Egypte: (Am 1:1) Paroles d'-----, l'un des bergers de Tekoa: **6:** (Ex 21:24) oeil pour oeil, ----- pour dent, main: (1Ch 2:7) Fils de Carmi:-----, qui troubla Israël: (Gen 4:15) que quiconque le trouverait ne le ----- point: **7:** (Mar 4:10) avec les douze l'----- sur les paraboles: **8:** (1Sa 14:50) était Abner, fils de -----, oncle de Saül: (Ex 3:14) dit à Moïse:Je ----- celui qui suis: (Gen 10:10) sur Babel, -----, Accad et Calné, au pays: **9:** (1Sa 3:1) de l'Éternel était ----- en ce temps-là: (Jos 15:26) -----, Schema, Molada: **10:** (Lév 21:18) ayant le nez camus ou un membre -----: **11:** (Gen 10:10) sur Babel, -----, Accad et Calné, au pays: (Gen 26:35) furent un sujet d'----- pour le coeur d'Isaac: **12:** (Gen 43:31) Après s'être ----- le visage, il en sortit: (Gen 2:24) son père et sa -----, et s'attachera: (És 2:20) les adorer, Aux ----- et aux chauves-souris: **13:** (Deu 29:5) ne se sont point ----- sur toi, et ton soulier: (2R 15:25) de même qu'Argob et -----; il avait avec lui: (Jér 47:4) Philistins, Les restes de l'----- de Caphtor

VERTICALEMENT A: (1R 6:38) année, au mois de -----, qui est le huitième: (Esd 4:9) ceux de -----, d'Arpharsathac, de Tharpel: (2Sa 21:6) à Guibea de Saül, l'----- de l'Éternel: **B:** (Gen 29:16) s'appelait -----, et la cadette Rachel: (Gen 23:2) Abraham vint pour ----- deuil sur Sara: (2Sa 11:11) campent en ----- campagne, et moi j'entrerais: **C:** (1Sa 1:3) les deux fils d'-----, Hophni et Phinées: (Gen 7:7) Et Noé ----- dans l'arche avec ses fils: (Gen 3:20) à sa femme le nom d'-----:car elle a été la: **D:** (Gen 29:6) Est-il en bonne -----? Ils répondirent: (Mat 3:7) il leur dit:----- de vipères: **E:** (Gen 14:10) et y tombèrent; le ----- s'enfuit: (Act 12:9) par l'ange était -----, et s'imaginant avoir: **F:** (Nom 24:8) brise leurs os, et les ----- de ses flèches: (Ex 30:25) de parfums selon l'----- du parfumeur: (Mat 27:46) d'une voix forte:Eli, Eli, ----- sabachthani?: **G:** (Gen 45:4) vous avez vendu pour être ----- en Egypte: (Ps 98:6) et au son du -----, Poussez des cris de joie: (Ex 16:16) sa nourriture, un ----- par tête, suivant le: **H:** (Act 19:19) qui avaient exercé les ----- magiques: (Gen 17:12) A l'----- de huit jours, tout mâle parmi vous: (Luc 3:27) Zorobabel, fils de Salathiel, fils de -----: **I:** (2Pi 2:13) plein jour; hommes ----- et souillés: (Deu 33:11) force, ô Éternel! ----- l'oeuvre de ses mains!: **J:** (1Ch 7:35) Fils d'-----, son frère:Tsophach, Jimna: (Mar 13:34) laisse sa maison, ----- l'autorité: **K:** (Gen 36:41) chef Oholibama, le chef -----, le chef Pinon: (Lév 1:16) Il ----- le jabot avec ses plumes: (Ex 31:2) Betsaleel, fils d'-----, fils de Hur: **L:** (Gen 5:29) lui donna le nom de -----, en disant:Celui-ci: (Jos 19:18) limite passait par Jizreel, Kesulloth, -----: (Gen 2:9) de la connaissance du bien et du -----: **M:** (Nom 11:5) des poireaux, des oignons et des -----: (Esd 4:10) et autres lieux de ce côté du fleuve, -----: (Gen 8:22) et la chaleur, l'----- et l'hiver

Mots croisés N° 2

HORIZONTALEMENT 1: (Gen 11:27) Abram, Nachor et Haran.-Haran engendra -----: (2R 9:30) appris, mit du ----- à ses yeux, se para la: (Jos 19:35) étaient:Tsiddim, -----, Hammath, Rakkath: **2:** (1R 15:8) ville de David. Et -----, son fils: (Gen 31:16) que Dieu a ----- à notre père appartient: (Gen 17:15) le nom de Saraï; mais son nom sera -----: **3:** (Gen 10:14) les Patrusim, les -----, d'où sont sortis: (Gen 10:5) été peuplées les ----- des nations selon leurs: **4:** (1Ch 7:38) Fils de Jéther:Jephunné, Pispa et -----: (2Sa 22:6) morts m'avaient -----, Les filets de la mort: **5:** (Éz 27:6) chênes de Basan, Et tes ----- avec de l'ivoire: (Nom 1:14) pour Gad:Eliasaph, fils de -----: **6:** (2R 18:29) ne vous ----- point, car il ne pourra vous: (Jug 10:12) et que vous ----- à moi, ne vous ai-je pas: **7:** (Esd 4:18) avez envoyée a été ----- exactement: (Job 38:14) Et qu'elle soit ----- comme d'un vêtement: (2Sa 20:26) et ----- de Jaïr était ministre d'Etat: **8:** (Éz 24:13) jusqu'à ce que j'aie ----- sur toi ma fureur: (1R 19:12) Et après le feu, un murmure doux et -----: **9:** (Gen 2:3) son oeuvre qu'il avait ----- en la faisant: (1Ch 4:21) de Juda:Er, père de -----, Laeda: **10:** (Deu 12:5) parmi toutes vos tribus pour y ----- son nom: (1Sa 2:15) cuite, c'est de la chair ----- qu'il veut: **11:** (És 41:15) de toi un traîneau -----, tout neuf, Garni: (2R 19:12) Retseph, et les fils d'Eden qui sont à -----?: **12:** (Gen 49:27) Benjamin est un ----- qui déchire; Le matin: (Gen 36:43) Magdiel, le chef -----. Ce sont là les chefs: (Joë 2:18) L'Éternel est ----- de jalousie pour son pays: **13:** (Act 9:33) un homme nommé -----, couché sur un lit depuis: (Act 15:1) circoncis selon le ----- de Moïse: (Jug 14:20) de ses compagnons, avec lequel il était -----

VERTICALEMENT A: (Luc 5:1) trouvait auprès du ----- de Génésareth: (Jos 19:3) Hatsar-Schual, -----, Atsem: (Lév 13:6) Si la plaie est devenue ----- et ne s'est pas: **B:** (2Sa 3:11) Isch-Boscheth n'----- pas répliquer un seul: (Col 2:22) pernicieux par l'-----, et qui ne sont fondés: (Gen 49:9) couche comme un -----, Comme une lionne:qui: **C:** (Lév 4:12) bois :c'est sur le ----- de cendres : (Job 20:6) cieux, Et que sa tête toucherait aux -----: (2Sa 23:11) Schamma, fils d'-----, d'Harar: **D:** (Deu 8:7) de sources et de -----, qui jaillissent: (1R 18:27) chose, ou il est -----, ou il est en voyage: **E:** (Gen 40:17) espèce, cuits au -----; et les oiseaux les: (1Ch 28:18) des parfums en or -----, avec le poids: **F:** (Gen 50:10) à l'aire d'-----, qui est au-delà du Jourdain: (Gen 46:31) de son père:Je vais ----- Pharaon: **G:** (1R 1:8) Schimeï, -----, et les vaillants hommes: (Jn 1:15) et s'est-----:C'est celui dont j'ai dit: (Gen 46:16) Haggi, Schuni, Etsbon, -----, Arodi et Areéli: **H:** (Gen 18:33) à Abraham. Et Abraham retourna dans sa -----: (Nom 10:5) vous sonnerez avec -----, ceux qui campent: **I:** (Jos 19:27) Beth-Emek et de -----, et se prolongeait: (Jn 6:19) Après avoir ----- environ vingt-cinq ou trente: **J:** (Gen 4:19) l'une était Ada, et le nom de l'autre -----: (1Ch 16:13) son serviteur, Enfants de Jacob, ses -----!: **K:** (Luc 3:35) fils de Phalek, fils d'Eber, fils de -----: (Gen 41:5) gras et beaux montèrent sur une même -----: (Gen 19:26) arrière, et elle devint une statue de -----: **L:** (Gen 10:10) sur Babel, -----, Accad et Calné, au pays: (Gen 10:10) sur Babel, -----, Accad et Calné, au pays: (Esd 2:57) fils de Pokéreth-Hatsebaïm, les fils d'-----: **M:** (Mi 1:16) ------toi, coupe ta chevelure: (Gen 17:15) le nom de Saraï; mais son nom sera -----: (Gen 19:2) nous passerons la nuit dans la -----

Mots croisés N° 3

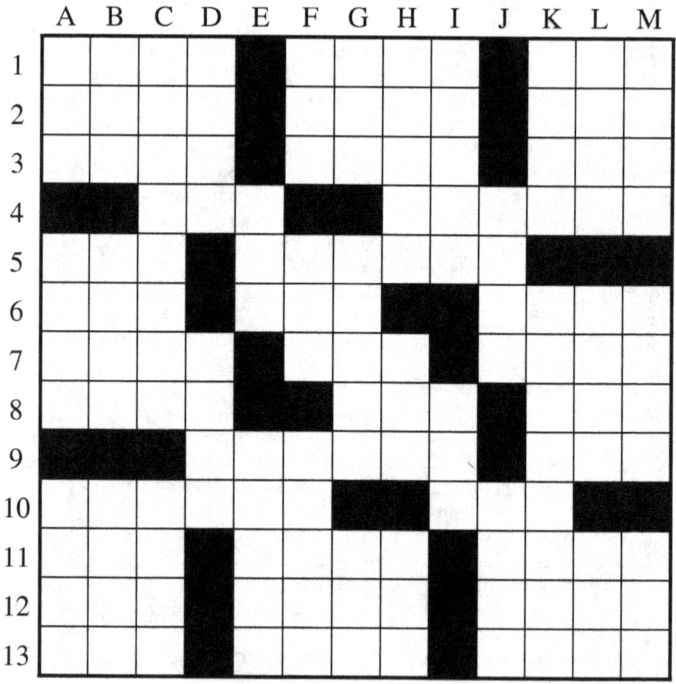

HORIZONTALEMENT 1: (Ps 104:17) font leurs -----; La cigogne a sa demeure: (Jug 7:10) descends-y avec -----, ton serviteur: (Gen 3 6:41) chef Oholibama, le chef -----, le chef Pinon: **2:** (Mar 15:3 4) s'écria d'une voix forte:-----, Eloï, lama: (Gen 3 6:23) Alvan, Manahath, Ebal, Schepho et -----: (Gen 2:11) Le ----- du premier est Pischon; c'est celui: **3:** (Gen 1:9) se rassemblent en un ----- lieu, et que le sec: (Gen 41:5) gras et beaux montèrent sur une même -----: (Gen 17:12) A l'----- de huit jours, tout mâle parmi vous: **4:** (Gen 11:27) Abram, Nachor et Haran.- Haran engendra -----: (Ap 13:15) il lui fut donné d'----- l'image de la bête: **5:** (Gen 23:8) mon mort et que je l'----- de devant mes yeux: (Gal 4:25) à la Jérusalem -----: **6:** (1Ch 4:15) fils de Jephunné:-----, Ela et Naam: (2R 11:6) un tiers à la porte de -----, et un tiers à l: (Gen 36:23) Alvan, Manahath, -----, Schepho et Onam: **7:** (Gen 13:14) tu es, regarde vers le ----- et le midi: (Nom 24:21) est solide, Et ton ----- posé sur le roc: (2Sa 3:26) la citerne de -----:David n'en savait rien: **8:** (Esd 4:9) de Babylone, de -----, de Déha, d'Elam: (Gen 1:10) des eaux mers. Dieu vit que cela était -----: (Jug 14:20) de ses compagnons, avec lequel il était -----: **9:** (Ex 21:33) ou si un homme en ----- une et ne la couvre: (Gen 19:26) arrière, et elle devint une statue de -----: **10:** (Am 7:1) Au moment où le ----- commençait à croître: (Gen 9:13) j'ai placé mon ----- dans la nue: **11:** (Esd 2:57) fils de Pokéreth-Hatsebaïm, les fils d'-----: (Ti 3:5) par le ----- de la régénération: (Gen 46:10) Jemuel, Jamin, -----, Jakin et Tsochar: **12:** (Gen 34:3) la jeune fille, et ----- parler à son coeur: (Deu 17:19) avec lui et y ----- tous les jours de sa vie: (Ex 15:23) C'est pourquoi ce lieu fut appelé -----: **13:** (Gen 8:22) et la chaleur, l'----- et l'hiver: (Pro 7:4) ma soeur! Et appelle l'intelligence ton -----: (Nom 1:15) pour Nephthali:Ahira, fils d'-----

VERTICALEMENT A: (Gen 14:14) braves serviteurs, ----- dans sa maison: (Ru 3:3) Lave-toi et ------toi, puis remets tes habits: (Mi 1:16) ------toi, coupe ta chevelure: **B:** (Jér 47:4) Philistins, Les restes de l'----- de Caphtor: (2R 12:9) coffre, perça un ----- dans son couvercle: (Ps 77:19) le monde; La terre s'----- et trembla: **C:** (Gen 35:17) et pendant les ----- de l'enfantement: (És 11:7) petits un même -----; Et le lion: **D:** (Jos 18:1) se réunit à -----, et ils y placèrent la tente: (Nom 3 4:15) leur héritage en ----- du Jourdain, vis-à-vis: **E:** (Lév 4:12) bois:c'est sur le ----- de cendres: (Nom 34:11) de Schepham vers -----, à l'orient d'Aïn: **F:** (Nom 11:8) il la cuisait au -----, et en faisait: (1Ch 18:8) à Thibchath et à -----, villes d'Hadarézer: (Gen 3 8:14) à l'entrée d'-----, sur le chemin de Thimna: **G:** (És 19:24) sera, lui troisième, ----- à l'Egypte: (Ex 31:2) fils d'Uri, fils de Hur, de la ----- de Juda: (1Ch 7:7) Jerimoth et -----, cinq chefs des maisons: **H:** (Luc 3:35) de Seruch, fils de -----, fils de Phalek: (Ex 23:27) ferai tourner le ----- devant toi à tous: (Gen 24:15) l'épaule, Rebecca, ----- de Bethuel: **I:** (Gen 39:14) Voyez, il nous a ----- un Hébreu pour se jouer: (Jos 19:13) à Rimmon, et se prolongeait jusqu'à -----: **J:** (Gen 10:5) été peuplées les ----- des nations selon leurs: (Act 2:10) qui sont venus de -----, Juifs et prosélytes: **K:** (Jos 15:3 4) Zanoach, En-Gannim, Tappuach, -----: (Esd 2:2) Mardochée, -----, Mispar, Bigvaï, Rehum: **L:** (Act 10:6) il est ----- chez un certain Simon, corroyeur: (2R 15:25) de même qu'Argob et -----; il avait avec lui: (1Ch 7:38) Fils de Jéther:Jephunné, Pispa et -----: **M:** (Pro 27:7) qui a faim trouve doux tout ce qui est -----: (Nom 3:24) Guerschonites était Eliasaph, fils de -----: (Gen 14:14) et il poursuivit les rois jusqu'à -----

Mots croisés N° 4

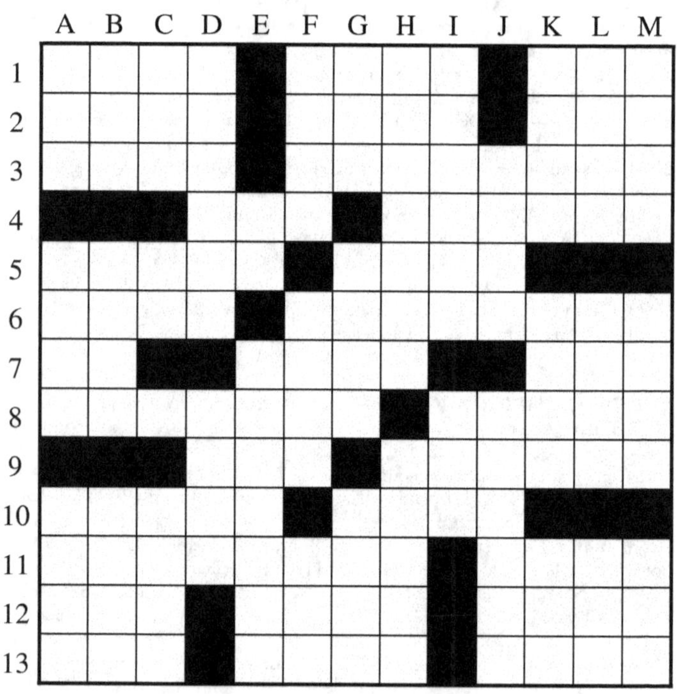

HORIZONTALEMENT 1: (Deu 14:5) cerf, la gazelle et le -----; le bouquetin: (Deu 23:2) Celui qui est ----- d'une union illicite: (2Sa 3:11) Isch-Boscheth n'----- pas répliquer un seul: **2:** (1Ch 9:4) fils d'Omri, fils d'-----, fils de Bani: (Nom 6:3) point de raisins frais ni de raisins -----: (Nom 20:22) de Kadès, et arriva à la montagne de -----: **3:** (Gen 1:9) se rassemblent en un ----- lieu, et que le sec: (Nom 16:31) Comme il ----- de prononcer toutes ces: **4:** (1Ch 7:7) Jerimoth et -----, cinq chefs des maisons: (Deu 8:15) dans des lieux ----- et sans eau: **5:** (Deu 23:6) Tu n'auras ----- ni de leur prospérité: (Nom 26:36) fils de Schutélach:d'----- est descendue la: **6:** (Ex 3:14) dit à Moïse:Je ----- celui qui suis: (Éz 16:37) avec lesquels tu te -----, tous ceux que tu as: **7:** (Gen 15:3) et celui qui est ----- dans ma maison sera: (Nom 23:28) sur le sommet du -----, en regard du désert: (Gen 27:28) de la terre, Du ----- et du vin en abondance!: **8:** (Jug 11:37) Je m'en irai, je ----- dans les montagnes: (Gen 24:29) nommé Laban. Et ----- courut dehors: **9:** (Ex 8:12) Elle se changera en -----, dans tout le pays: (2Sa 22:11) chérubin, et il -----, Il paraissait: **10:** (Ps 94:20) des desseins iniques en ----- de la loi?: seul; je lui ferai (Gen 2:18) une aide ----- à lui: **11:** (Jér 14:12) je ne les ----- pas; Car je veux les détruire: (Gen 36:23) Alvan, Manahath, -----, Schepho et Onam: **12:** (Jér 47:4) Philistins, Les restes de l'----- de Caphtor: (Lév 21:20) tache à l'oeil, la -----, une dartre: (Ps 74:4) adversaires ont ----- au milieu de ton temple: **13:** (Pro 23:34) un homme couché sur le sommet d'un -----: (Ps 77:17) elles ont tremblé; Les abîmes se sont -----: (1R 17:1) -----, le Thischbite, l'un des habitants

VERTICALEMENT A: (Gen 12:13) -----, je te prie, que tu es ma soeur: (1Sa 14:4) le nom de Botsets et l'autre celui de -----: (Deu 14:5) cerf, la gazelle et le -----; le bouquetin: **B:** (Gen 2:7) de vie et l'homme devint une ----- vivante: (Gen 23:4) enterrer mon mort et l'----- de devant moi: (2Sa 3:5) Jithream, d'-----, femme de David. Ce sont là: **C:** (1Ch 4:15) fils de Jephunné:-----, Ela et Naam: (Gen 11:28) au pays de sa naissance, à ----- en Chaldée: (Deu 15:2) qui aura fait un ----- à son prochain: **D:** (És 13:3) à ma sainte -----, J'ai appelé les héros de ma as: (Job 24:15) de l'adultère ----- le crépuscule: **E:** (Gen 18:13) S ara a-t-elle -----, en disant:Est-ce: (Job 1:10) Ne l'as-tu pas -----, lui, sa maison: **F:** (Ru 4:17) Obed. Ce fut le père d'----- père de David: (Gen 3:21) des habits de -----, et il les en revêtit: (Ru 4:19) engendra Ram; ----- engendra Amminadab: **G:** (Gen 1:9) lieu, et que le ----- paraisse. Et cela fut: (Mar 15:34) s'écria d'une voix forte:-----, Eloï, lama: (Nom 25:14) Zimri, fils de -----; il était chef: **H:** (2Sa 23:33) d'Harar. Achiam, fils de -----, d'Arar: (Ex 33:13) connaître tes -----; alors je te connaîtrai: **I:** (Ru 3:13) envers toi, j'en -----, moi, l'Éternel: (Gen 47:22) qu'il y avait une ----- de Pharaon en faveur: **J:** (És 25:6) pleins de moelle, De ----- vieux, clarifiés: (Job 16:16) Les pleurs ont ----- mon visage: **K:** (Gen 46:10) Jemuel, Jamin, -----, Jakin et Tsochar: (Mar 14:36) Il disait:-----, Père, toutes choses: (1R 6:38) année, au mois de -----, qui est le huitième: **L:** (Éz 16:10) ceignis de fin lin, et je te couvris de -----: (1Ch 11:29) S ibbecaï, le Huschatite. -----, d'Achoach: (Gen 18:21) je verrai s'ils ont ----- entièrement: **M:** (Act 19:19) qui avaient exercé les ----- magiques: (Jug 16:9) d'étoupe quand il ----- le feu: (Jug 14:20) de ses compagnons, avec lequel il était -----

Mots croisés N° 5

HORIZONTALEMENT 1: (Gen 8:22) et la chaleur, l'----- et l'hiver: (Esd 4:10) et autres lieux de ce côté du fleuve, -----: (Jug 3:25) ils prirent la ----- et ouvrirent: **2:** (Esd 8:27) et deux vases d'un ----- airain poli, aussi: (Jug 7:19) avec lui arrivèrent aux ----- du camp: (Ex 29:40) et une libation d'un quart de ----- de vin: **3:** (Esd 2:57) fils de Pokéreth-Hatsebaïm, les fils d'-----: (Jos 10:3) Japhia, roi de Lakis, et à -----, roi d'Eglon: (Gen 8:22) et la chaleur, l'----- et l'hiver: **4:** (1Ch 7:26) -----, son fils; Ammihud, son fils; Elischama: (2Sa 17:8) les champs une ----- à qui l'on aurait enlevé: **5:** (Éz 14:17) Ou si j'----- l'épée contre ce pays: **6:** (Jos 15:49) -----, Kirjath-Sanna, qui est Debir: (Ex 22:25) créancier, tu n'exig eras de lui point d'-----: **7:** (1Ch 7:7) Jerimoth et -----, cinq chefs des maisons: (Gen 17:12) A l'----- de huit jours, tout mâle parmi vous: (1Ch 4:15) fils de Jephunné:-----, Ela et Naam: **8:** (Gen 49:10) Le ----- ne s'éloignera point de Juda: (Gen 1:16) jour, et le plus ----- luminaire pour présider: **9:** (1Ch 4:16) de Jehalléleel:Ziph, Zipha, Thirja et -----: **10:** (Gen 25:14) Mischma, Duma, -----: (Ex 27:4) à l'autel une ----- d'airain, en forme: **11:** (Gen 3:20) à sa femme le nom d'-----:car elle a été la: (Gen 17:19) du nom d'-----. J'établirai mon alliance: (Nom 11:5) des poireaux, des oignons et des -----: **12:** (1R 1:8) Schimeï, -----, et les vaillants hommes: (Job 28:25) Quand il ----- le poids du vent, Et qu'il fixa: (2Sa 20:26) et ----- de Jaïr était ministre d'Etat: **13:** (2R 11:6) un tiers à la porte de -----, et un tiers à l: (Jug 14:20) de ses compagnons, avec lequel il était -----: (Gen 5:32) cinq cents ans, engendra -----, Cham et Japhet

VERTICALEMENT A: (Gen 36:23) Alvan, Manahath, -----, Schepho et Onam: (Gen 12:13) -----, je te prie, que tu es ma soeur: (Gen 1:10) l'amas des eaux -----. Dieu vit que cela: **B:** (1Ch 1:30) Mischma, Duma, Massa, Hadad, -----: (Gen 9:13) j'ai placé mon ----- dans la nue: (Lév 5:5) de ces choses, fera l'----- de son péché: **C:** (1R 17:1) -----, le Thischbite, l'un des habitants: (1Jn 2:22) l'Antéchrist, qui ----- le Père et le Fils: (Gen 14:6) dans leur montagne de -----, jusqu'au chêne: **D:** (Gen 14:14) et il poursuivit les rois jusqu'à -----: (Gen 30:30) t'a béni sur mes -----. Maintenant: **E:** (Jos 19:36) -----, Rama, Hatsor: (2R 8:21) Joram passa à -----, avec tous ses chars: **F:** (Éz 27:15) payait avec des cornes d'ivoire et de l'-----: (1Ch 7:38) Fils de Jéther:Jephunné, Pispa et -----: (Gen 19:26) arrière, et elle devint une statue de -----: **G:** (Jug 11:3) dans le pays de -----. Des gens de rien: (Act 13:1) Siméon appelé -----, Lucius de Cyrène: (Gen 18:21) je verrai s'ils ont ----- entièrement: **H:** (Gen 18:20) Et l'Éternel dit:Le ----- contre Sodome: (Gen 16:12) Il sera comme un ----- sauvage; sa main sera: (Deu 18:8) une portion ----- à la leur, et jouira: **I:** (Ex 15:26) si tu fais ce qui est ----- à ses yeux: (Nom 25:8) tente, et il les ----- tous les deux, l'homme: **J:** (Gen 24:12) ce que je désire, et ----- de bonté envers: (1Sa 1:3) les deux fils d'-----, Hophni et Phinées: **K:** (Job 20:20) ne sauvera pas ce qu'il avait de plus -----: (Gen 17:17) sur sa face; il -----, et dit en son coeur: (Jug 18:7) ils arrivèrent à -----. Ils virent le peuple: **L:** (2Sa 17:28) apportèrent des -----, des bassins,des vases: (Gen 46:16) Haggi, Schuni, Etsbon, -----, Arodi et Arééli: (Deu 17:19) avec lui et y ----- tous les jours de sa vie: **M:** (Act 9:33) un homme nommé -----, couché sur un lit depuis: (2R 18:36) Le peuple se -----, et ne lui répondit pas: (Gen 10:22) de Sem furent:-----, Assur, Arpacschad, Lud

Mots croisés N° 6

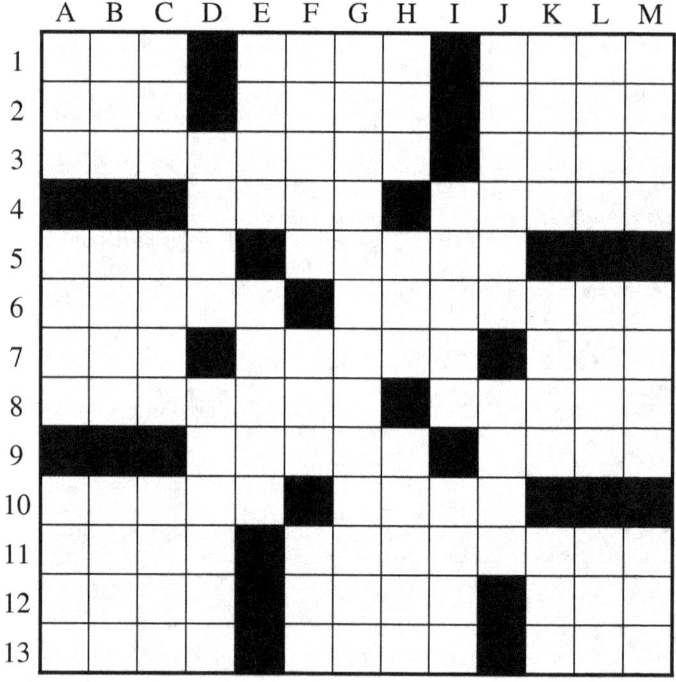

HORIZONTALEMENT 1: (Za 6:14) Jedaeja, et pour -----, fils de Sophonie: (Gen 3:19) que tu mangeras du -----, jusqu'à: (Gen 3:21) des habits de -----, et il les en revêtit: **2:** (1Ch 4:15) fils de Jephunné:-----, Ela et Naam: (1Sa 1:2) des enfants, mais ----- n'en avait point: (1Sa 20:41) trois fois. Les deux ----- s'embrassèrent: **3:** (Luc 11:30) un signe pour les -----, de même le Fils: (Deu 17:19) avec lui et y ----- tous les jours de sa vie: **4:** (Ex 23:16) de ce que tu auras ----- dans les champs: (Ex 39:3) On étendit des ----- d'or, et on les coupa: **5:** (Gen 25:14) Mischma, -----, Massa: (Jér 13:5) J'-----, et je la cachai près de l'Euphrate: **6:** (Gen 38:14) à l'entrée d'-----, sur le chemin de Thimna: (És 40:30) se fatiguent et se -----, Et les jeunes hommes: **7:** (Mat 26:70) Mais il le ----- devant tous, disant: (Luc 16:8) agi en homme -----. Car les enfants: (Gen 5:29) lui donna le nom de -----, en disant:Celui-ci: **8:** (Jos 15:31) -----, Madmanna, Sansanna: (2Sa 3:27) Joab le tira à l'----- au milieu de la porte: **9:** (1Sa 17:13) Les trois fils ----- d'Isaï avaient suivi Salü: (Est 1:1) régnait depuis l'----- jusqu'en Ethiopie: **10:** (Nom 6:4) la vigne, depuis les ----- jusqu'à la peau: (Ex 13:21) une colonne de ----- pour les guider dans leur: **11:** (Mat 21:2) attachée, et un ----- avec elle; détachez-les: (2Sa 15:4) disait:Qui m'----- juge dans le pays? Tout: **12:** (Gen 41:14) de prison. Il se -----, changea de vêtements: (Gen 13:14) fut séparé de lui:----- les yeux, et, du lieu: (Gen 41:42) d'habits de fin -----, et lui mit un collier: **13:** (Nom 5:22) la cuisse! Et la femme nom dira:-----! Amen!: (Gen 30:13) heureuse. Et elle l'appela du nom d'-----: (Gen 8:22) et la chaleur, l'----- et l'hiver

VERTICALEMENT A: (Ex 29:40) et une libation d'un quart de ----- de vin: (Ex 21:24) oeil pour oeil, ----- pour dent, main: (2R 9:30) à ses yeux, se ----- la tête, et regarda: **B:** (Gen 46:16) Haggi, Schuni, Etsbon, -----, Arodi et Areéli: (Jug 20:11) contre la ville, ----- comme un seul homme: (Jos 15:34) Zanoach, En-Gannim, Tappuach, -----: **C:** (Ex 33:11) Josué, fils de -----, ne sortait pas du milieu: (Néh 12:36) Guilalaï, -----, Nethaneel, Juda et Hanani: (Gen 48:18) est le premier-né; ----- ta main droite: **D:** (Ru 4:17) Obed. Ce fut le père d'----- père de David: (Luc 3:37) de Jared, fils de Maléléel, fils de -----: **E:** (2R 16:17) elle, et il la posa sur un ----- de pierres: (Deu 28:35) d'un ulcère ----- dont tu ne pourras guérir: **F:** (2Ch 23:1) année, Jehojada s'----- de courage, et traita: (És 30:24) Qu'on aura vanné avec la pelle et le -----: (Gen 36:41) chef Oholibama, le chef -----, le chef Pinon: **G:** (Ps 78:72) Et les conduisit avec des mains -----: **H:** (Gen 24:15) l'épaule, Rebecca, ----- de Bethuel: (Deu 25:18) pendant que tu étais ----- et épuisé toi-même: (Can 1:3) ont une odeur -----; Ton nom est un parfum: **I:** (Act 27:8) près duquel était la ville de -----: (1Ch 5:13) Schéba, Joraï, Jaecan, Zia et -----, sept: **J:** (2Sa 22:7) mon Dieu; De son -----, il a entendu ma voix: (Gen 1:8) appela l'étendue -----. Ainsi, il y eut: **K:** (Gen 14:5) Zuzim à Ham, les ----- à Schavé-Kirjathaïm: (Nom 1:15) pour Nephthali:Ahira, fils d'-----: (Jér 47:4) Philistins, Les restes de l'----- de Caphtor: **L:** (Gen 50:10) Arrivés à l'----- d'Athad, qui est au-delà: (Gen 13:14) tu es, regarde vers le ----- et le midi: (Gen 17:17) sur sa face; il -----, et dit en son coeur: **M:** (Deu 29:5) ne se sont point ----- sur toi, et ton soulier: (Gen 3:15) t'écrasera la -----, et tu lui blesseras le: (Gen 16:12) Il sera comme un ----- sauvage; sa main sera

Mots croisés N° 7

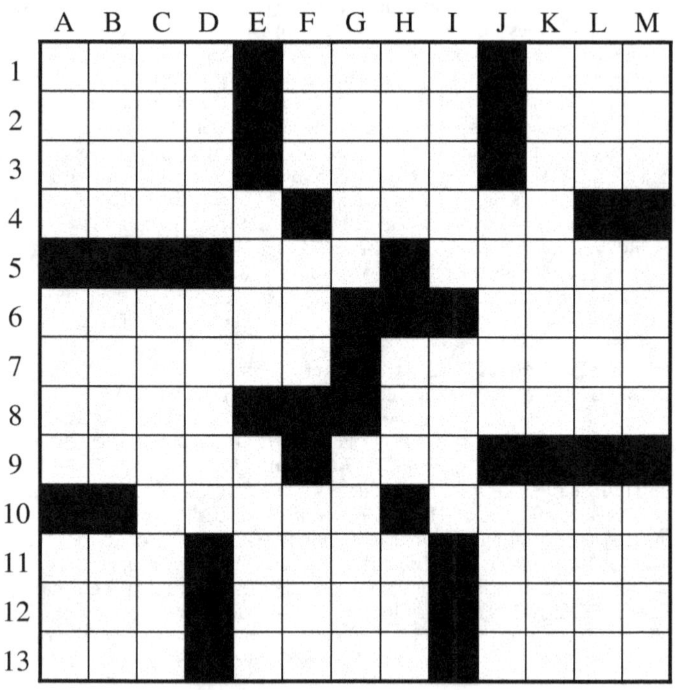

HORIZONTALEMENT 1: (Gen 1:5) il y eut un -----, et il y eut un matin:ce: (Gen 10:28) -----, Abimaël, Séba: (Gen 40:9) songe, voici, il y avait un ----- devant moi: **2:** (Ps 35:15) s'assemblent à mon ----- pour m'outrager, Ils: (Joë 1:10) Le moût est -----, l'huile est desséchée: (2Sa 21:6) à Guibea de Saül, l'----- de l'Éternel: **3:** (1Ch 4:15) Iru, Ela et -----, et les fils d'Ela: (Deu 4:37) Il a ----- tes pères, et il a choisi leur: (Gen 22:9) rangea le bois. Il ----- son fils Isaac: **4:** (1Ch 7:19) étaient:Achjan, Sichem, Likchi et -----: (Gen 29:6) Est-il en bonne -----? Ils répondirent: **5:** (Gen 36:41) chef Oholibama, le chef -----, le chef Pinon: (Luc 23:40) pas Dieu, toi qui ----- la même condamnation?: **6:** (Gen 14:17) Après qu'Abram fut ----- vainqueur: (Ps 55:3) et réponds-moi! J'----- çà et là: **7:** (És 49:21) stérile. J'étais -----, répudiée:qui les: (Jos 10:3) roi d'Hébron, à -----, roi de Jarmuth: **8:** (Job 16:13) sans pitié, Il répand ma ----- sur la terre: (1Ch 6:7) engendra Amaria; ----- engendra Achithub: **9:** (Jér 13:5) J'-----, et je la cachai près de l'Euphrate: (2R 9:27) à la montée de -----, près de Jibleam: **10:** (Jos 15:3) montait vers -----, et tournait à Karkaa: (Job 12:25) clair; Il les fait errer comme des gens -----: **11:** (1Ch 5:4) son fils; -----, son fils; Schimeï, son fils: (Gen 36:23) Alvan, Manahath, Ebal, Schepho et -----: (2Sa 24:9) Joab remit au roi le ----- du dénombrement: **12:** (Gen 16:12) Il sera comme un ----- sauvage; sa main sera: (Lév 8:6) et ses fils, et il les ----- avec de l'eau: (Jos 15:50) Anab, Eschthemo, -----: **13:** (Ex 23:27) ferai tourner le ----- devant toi à tous: (Gen 36:23) Alvan, Manahath, -----, Schepho et Onam: (2Sa 13:33) donc point dans l'----- que tous les fils

VERTICALEMENT A: (Gal 4:24) L'une du mont -----, enfantant: (Nom 31:8) Tsur, Hur et -----, cinq rois de Madian: (Gen 30:11) bonheur! Et elle l'appela du nom de -----: **B:** (Gen 38:4) et enfanta un fils, qu'elle appela -----: (Esd 2:1) revinrent de l'-----, ceux que Nebucadnetsar: (1Ch 8:12) qui bâtit -----, Lod et les villes: **C:** (Ru 4:17) Obed. Ce fut le père d'----- père de David: (Lév 25:31) Les maisons des ----- non entourés de murs: **D:** (2R 23:36) s'appelait Zebudda, fille de Pedaja, de -----: (1Ch 7:21) son fils; Ezer et -----. Les hommes de Gath: **E:** (Gen 45:4) vous avez vendu pour être ----- en Egypte: (Deu 4:16) de quelque -----, la figure d'un homme: **F:** (Gen 8:13) séché sur la terre. Noé ----- la couverture: (Esd 4:18) avez envoyée a été ----- exactement: (Jos 11:21) de Debir, d'-----, de toute la montagne: **G:** (Gen 27:27) s'approcha, et le -----. Isaac sentit l'odeur: (Ex 39:6) sur lesquelles on ----- les noms des fils: **H:** (Gen 14:14) prisonnier, il ----- trois cent dix-huit: (Gen 36:39) de sa ville était -----; et le nom de sa femme: (Gen 2:9) de la connaissance du bien et du -----: **I:** (Lév 26:13) j'ai brisé les ----- de votre joug,: (1Ch 9:4) fils d'Omri, fils d'-----, fils de Bani: **J:** (Gen 4:14) la terre, et quiconque me trouvera me -----: (Gen 20:12) De plus, il est ----- qu'elle est ma soeur: **K:** (Nom 9:6) ne pouvaient pas ----- la Pâque ce jour-là: (Lév 19:27) ne couperez point en ----- les coins de votre: **L:** (1Sa 1:3) les deux fils d'-----, Hophni et Phinées: (Gen 13:9) droite; si tu vas à droite, j'----- à gauche: (1R 17:1) -----, le Thischbite, l'un des habitants: **M:** (Ex 1:15) nommées l'une Schiphra, et l'autre -----: (Gen 26:12) Isaac ----- dans ce pays, et il recueillit: (Ex 23:16) de ce que tu auras ----- dans les champs

Mots croisés N° 8

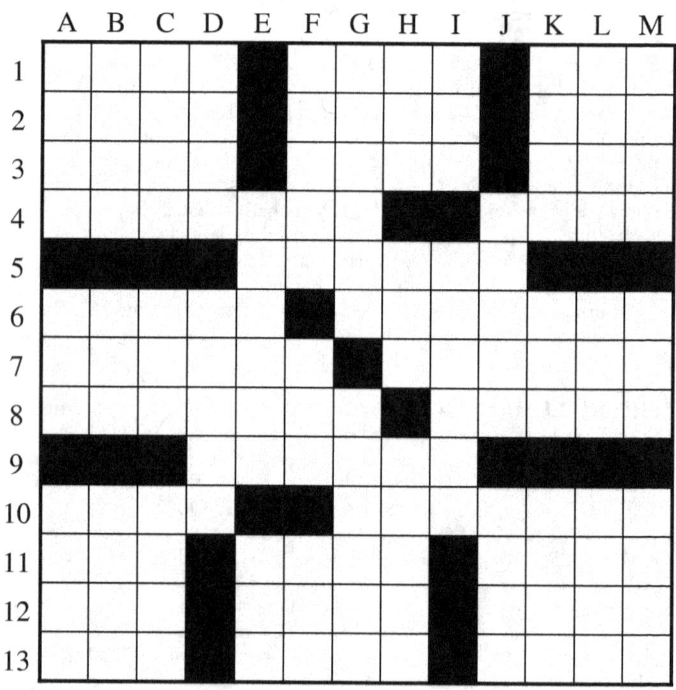

HORIZONTALEMENT 1: (Ps 55:3) et réponds-moi! J'----- çà et là: (2R 12:9) coffre, perça un ----- dans son couvercle: (Gen 14:14) braves serviteurs, ----- dans sa maison: **2:** (Gen 16:5) servante dans ton -----; et, quand elle a vu: (Mi 1:16) ------toi, coupe ta chevelure: (Gen 36:41) chef Oholibama, le chef -----, le chef Pinon: **3:** (Dan 5:7) Quiconque ----- cette écriture et m'en donnera: (1Ch 7:35) frère:Tsophach, Jimna, Schélesch et -----: (Gen 1:10) des eaux mers. Dieu vit que cela était -----: **4:** (1Co 14:7) Si les objets ----- qui rendent un son: (Gen 2:9) à voir et ----- à manger, et l'arbre de la vie: **5:** (Nom 14:5) toute l'assemblée ----- des enfants d'Israël: **6:** (Gen 46:16) Haggi, Schuni, Etsbon, Eri, ----- et Areéli: (Deu 21:18) fils indocile et -----, n'écoutant ni la voix: **7:** (Gen 12:2) de toi une grande -----, et je te bénirai: (2R 6:1) assis devant toi est trop ----- pour nous: **8:** (2Ch 36:5) ce qui est mal aux yeux de l'-----, son Dieu: (2R 5:10) ta chair redeviendra -----, et tu seras pur: **9:** (Act 19:19) le monde:on en ----- la valeur à cinquante: **10:** (Nom 10:9) dans votre pays, vous ----- à la guerre: (És 1:6) ni pansées, ni -----, Ni adoucies par l'huile: **11:** (Gen 17:17) sur sa face; il -----, et dit en son coeur: (1R 16:34) De son temps, ----- de Béthel bâtit Jéricho: (1R 4:6) et Adoniram, fils d'-----, était préposé: **12:** (1Ch 7:38) Fils de Jéther:Jephunné, Pispa et -----: (Ps 55:3) et réponds-moi! J'----- çà et là: (Act 12:9) par l'ange était -----, et s'imaginant a voir: **13:** (Pro 23:34) un homme couché sur le sommet d'un -----: (Job 20:6) cieux, Et que sa tête toucherait aux -----: (2Ch 17:14) de milliers:-----, le chef, avec trois cent

VERTICALEMENT A: (Luc 3:25) fils de Nahum, fils d'-----, fils de Naggaï: (Gen 16:12) Il sera comme un ----- sauvage; sa main sera : (Gen 36:43) Magdiel, le chef -----. Ce sont là les chefs: **B:** (Gen 35:11) de toi, et des rois sortiront de tes -----: (És 2:20) les a dorer, Aux ----- et aux chauves-souris: (Gen 21:6) de rire; quiconque l'apprendra ----- de moi: **C:** (Gen 21:6) de rire; quiconque l'apprendra ----- de moi: (Gen 23:8) mon mort et que je l'----- de devant mes yeux: (2Sa 8:18) les fils de David étaient ministres d'-----: **D:** (Nom 1:15) pour Nephthali:Ahira, fils d'-----: (Gen 32:4) Voici ce que vous ----- à mon seigneur Esaü: **E:** (Mar 6:37) lui dirent:------nous acheter des pains: (Za 6:14) Jedaeja, et pour -----, fils de Sophonie: **F:** (Lév 13:48) à la chaîne ou à la ----- de lin, ou de laine: (Job 33:9) péché, Je suis -----, il n'y a point en moi: (1Ch 4:15) fils de Jephunné:-----, Ela et Naam:**G:** (Éz 27:8) étaient tes -----, Et les plus experts: (1Sa 14:41) Saül furent désignés, et le peuple fut -----: **H:** (2Sa 3:11) Isch-Boscheth n'----- pas répliquer un seul: (Gen 24:15) l'épaule, Rebecca, ----- de Bethuel: (Gen 17:23) d'argent, tous les ----- parmi les gens: **I:** (Esd 10:34) des fils de Bani, Maadaï,Amram, -----: (Jug 12:8) Après lui, ----- de Bethléhem fut juge: **J:** (1Ch 5:6) -----, son fils, que Tilga th-Pilnéser, roi: (1Ch 2:6) Ethan, Héman, Calcol et -----. En tout:cinq: **K:** (Nom 32:3) Nimra, Hesbon, Elealé, Sebam, ----- et Beon: (Gen 47:22) qu'il y avait une ----- de Pharaon en faveur: (Jug 9:26) Gaal, fils d'-----, vint avec ses frères: **L:** (Gen 26:34) et Basmath, fille d'-----, le Héthien: (Gen 41:42) d'habits de fin -----, et lui mit un collier: (Gen 2:8) un jardin en -----, du côté de l'orient: **M:** tache, ni -----, ni rien (Éph 5:27) de semblable6:: (Gen 8:22) et la chaleur, l'----- et l'hiver: (Luc 3:35) fils de Phalek, fils d'Eber, fils de -----

Mots croisés N° 9

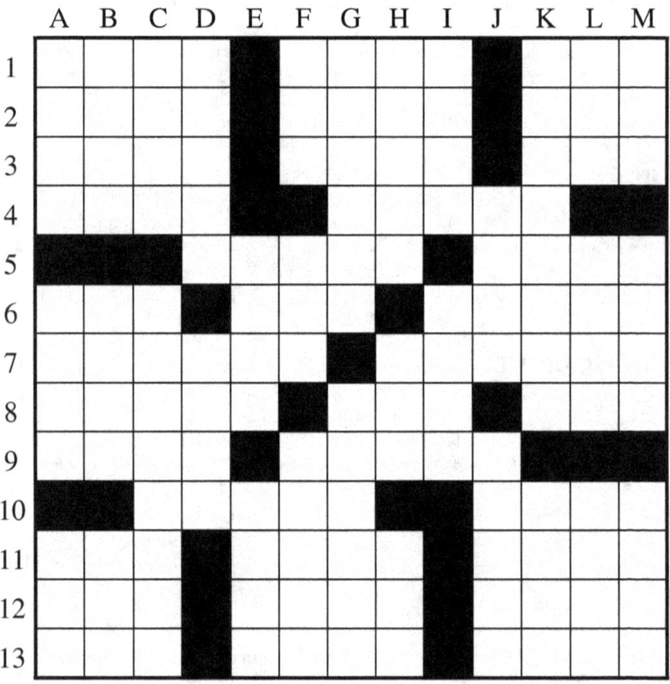

HORIZONTALEMENT 1: (1R 6:12) ordonnances, si tu observes et ----- tous: (1R 21:2) à Naboth:-----moi ta vigne, pour que j'en: (1Ch 7:38) Fils de Jéther:Jephunné, Pispa et -----: **2:** (Gen 16:4) Il ----- vers Agar, et elle devint enceinte: (Gen 23:4) enterrer mon mort et l'----- de devant moi: (Deu 9:23) Dieu, vous n'eûtes point ----- en lui: **3:** (Jos 18:4) pays, traceront un ----- en vue du partage: (Luc 3:35) fils de Phalek, fils d'Éber, fils de -----: (Gen 14:23) est à toi, pas même un -----, ni un cordon: **4:** (Deu 1:27) l'Éternel nous -----, qu'il nous a fait sortir: (1Ch 8:37) Motsa engendra -----. Rapha, son fils; Eleasa: **5:** (Act 19:9) chaque jour dans l'----- d'un nommé Tyrannus: (Jug 17:1) homme de la montagne d'Ephraïm, nommé -----: **6:** (Gen 10:22) Elam, Assur, Arpacschad, ----- et Aram: (Gen 24:12) ce que je désire, et ----- de bonté envers: (Job 19:24) qu'avec un ----- de fer et avec du plomb Elles: **7:** (1Ch 15:21) Jeïel et -----, avaient des harpes à huit: (Job 16:16) Les pleurs ont ----- mon visage: **8:** (Gen 17:23) d'argent, tous les ----- parmi les gens: (Jér 9:4) Et qu'on ne se ----- à aucun de ses frères: (Gen 5:32) cinq cents ans, engendra -----, Cham et Japhet: **9:** (Deu 4:37) Il a ----- tes pères, et il a choisi leur: (Dan 2:14) prudente et ----- à Arjoc, chef des gardes: **10:** (Jos 19:20) Rabbith, Kischjon, -----: (Ex 16:20) il s'y mit des -----, et cela devint infect: **11:** (Gen 47:31) se prosterna sur le chevet de son -----: (Éz 24:2) mets par écrit la ----- de ce jour: (1R 17:1) -----, le Thischbite, l'un des habitants: **12:** (1Ch 7:7) Jerimoth et -----, cinq chefs des maisons: (Est 1:20) L'----- du roi sera connu dans tout: (Mat 5:18) de la loi un seul ----- ou un seul trait: **13:** (Gen 9:13) mon arc dans la -----, et il servira de signe: (2Sa 8:1) des Philistins les ----- de leur capitale: (Gen 1:9) en un seul -----, et que le sec paraisse

VERTICALEMENT A: (2Sa 21:18) le Huschatite, tua -----, qui était: (Mat 27:46) d'une voix forte:Eli, Eli, ----- sabachthani?: (Gen 41:42) d'habits de fin -----, et lui mit un collier: **B:** (1Ch 7:39) Fils d'-----:Arach, Hanniel et Ritsja: (Néh 3:25) Palal, fils d'-----, travailla vis-à-vis: (1Ch 4:15) fils de Jephunné:-----, Ela et Naam: **C:** (1Ch 11:29) Sibbecaï, le Huschatite. -----, d'Achoach: (2Ti 4:10) Crescens est allé en Galatie, Tite en -----: **D:** (Gen 29:6) Est-il en bonne -----? Ils répondirent: (Jug 7:25) de Madian, Oreb et -----; ils tuèrent Oreb: **E:** (Éz 24:10) le bois, allume le feu, ----- bien la chair: (Jos 15:21) d'Edom, étaient:Kabtseel, -----, Jagur: **F:** (Act 21:1) directement à -----, le lendemain à Rhodes: (2Sa 3:11) Isch-Boscheth n'----- pas répliquer un seul: (1Co 9:24) courent dans le ----- courent tous, mais qu'un: **G:** (Mal 4:2) et vous sauterez comme les veaux d'une -----: (Gen 19:3) Il leur donna un -----, et fit cuire des pains: **H:** (Job 12:18) Il ----- la ceinture des rois, Il met: (Nom 34:11) Ribla, à l'orient d'-----; elle descendra: (Gen 8:22) et la chaleur, l'----- et l'hiver: **I:** (Nom 26:36) fils de Schutélach:d'----- est descendue la: (Gen 30:14) temps de la moisson des -----, et trouva: **J:** (Ps 77:19) le monde; La terre s'----- et trembla: (Ps 77:5) mes paupières en -----; Et, dans mon trouble: **K:** (Ex 18:19) de Dieu, et porte les ----- devant Dieu: (Mar 15:34) s'écria d'une voix forte:-----, Eloï, lama: **L:** (Gen 14:1) de Kedorlaomer, ----- d'Elam, et de Tideal: (Ps 22:15) est comme de la -----, Il se fond: (Act 15:1) circoncis selon le ----- de Moïse: **M:** (Nom 11:5) des poireaux, des oignons et des -----: (1Ch 6:73) et sa banlieue, et ----- et sa banlieue: (Ecc 12:8) se brise, que le ----- se rompe sur la source

Mots croisés N° 10

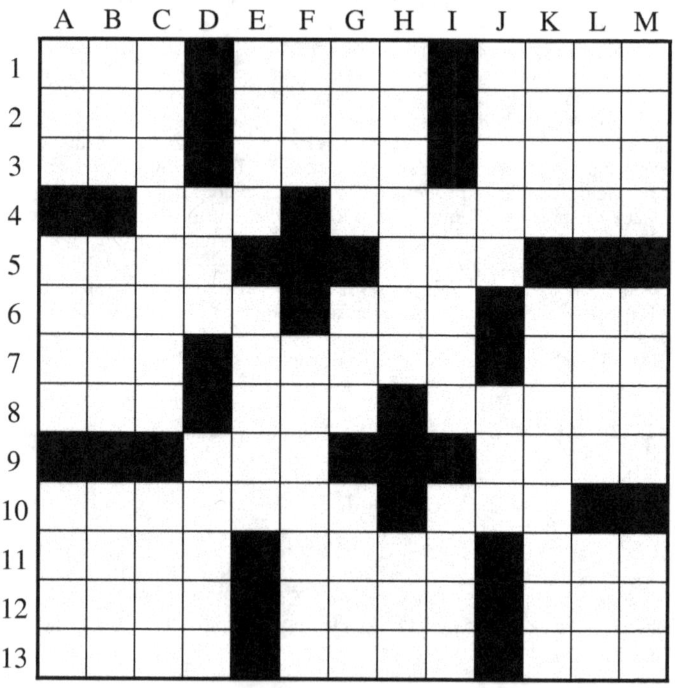

HORIZONTALEMENT 1: (Nom 20:22) de Kadès, et arriva à la montagne de -----: (2Sa 17:19) répandit du grain ----- pour qu'on ne se doute: (Gen 45:12) mon frère Benjamin ----- de ses yeux: **2:** (Gen 16:12) Il sera comme un ----- sauvage; sa main sera: (Gen 26:34) et Basmath, fille d'-----, le Héthien: (Gen 10:19) de Gomorrhe, d'----- et de Tesboïm: **3:** (Jos 6:10) et il ne sortira pas un ----- de votre bouche: (Ex 34:6) et compatissant, ----- à la colère, riche: (Luc 3:27) Zorobabel, fils de Salathiel, fils de -----: **4:** (1Ch 7:38) Fils de Jéther:Jephunné, Pispa et -----: (Gen 21:8) L'enfant -----, et fut sevré; et Abraham fit: **5:** (Jos 14:15) Kirjath-Arba:----- avait été l'homme le plus: (Gen 2:7) de vie et l'homme devint une ----- vivante: **6:** (Ex 13:5) tu rendras ce ----- à l'Éternel dans ce même: (Gen 3:20) à sa femme le nom d'-----:car elle a été la: (Ru 4:19) engendra Ram; ----- engendra Amminadab: **7:** (Gen 18:21) je verrai s'ils ont ----- entièrement: (Luc 3:31) fils de -----, fils de Menna: (Esd 2:57) fils de Pokéreth-Hatsebaïm, les fils d'-----: **8:** (1Jn 2:22) l'Antéchrist, qui ----- le Père et le Fils: (Nom 31:8) tous les autres, -----, Rékem, Tsur, Hur: (Mat 9:33) Le ----- ayant été chassé, le muet parla: **9:** (90:11) courroux, selon la crainte qui t'est -----?: (Mi 1:16) ------toi, coupe ta chevelure: **10:** (Néh 6:6) dans ce but que tu ----- la muraille. Tu vas: (Ps 59:9) Éternel, tu te ----- d'eux, Tu te moques: **11:** (2Sa 23:33) d'Harar. Achiam, fils de Scharar, d'-----: (Act 10:6) il est ----- chez un certain Simon, corroyeur: (Gen 31:27) et des chants, au ----- du tambourin: **12:** (Gen 4:18) Hénoc engendra -----, Irad engendra Mehujaël: (Gen 49:9) couche comme un -----, Comme une lionne:qui: (Gen 8:22) et la chaleur, l'----- et l'hiver: **13:** (Jug 1:36) montée d'Akrabbim, depuis -----, et en dessus: (Gen 16:7) L'----- de l'Éternel la trouva près: (2Sa 11:11) campent en ----- campagne, et moi j'entrerais

VERTICALEMENT A: (Gen 14:5) les Zuzim à -----, les Emim: (Jos 7:1) par interdit. -----, fils de Carmi: (1R 7:33) jantes, leurs ----- et leurs moyeux, tout: **B:** (1Ch 8:12) qui bâtit -----, Lod et les villes: (Ps 74:4) adversaires ont ----- au milieu de ton temple: (Ps 55:3) et réponds-moi! J'----- çà et là: **C:** (Jér 31:4) et tu seras -----, Vierge d'Israël! Tu auras: (Jug 2:13) et ils servirent ----- et les Astartés: **D:** (És 2:20) les adorer, Aux ----- et aux chauves-souris: (1R 4:31) Calcol et -----, les fils de Machol: **E:** (Gen 30:37) et de platane; il y ----- des bandes blanches: (És 14:9) Le séjour des morts s'----- jusque: **F:** (Jér 47:4) Philistins, Les restes de l'----- de Caphtor: (Gen 28:16) Jacob s'----- de son sommeil et il dit: **G:** (Ex 2:5) se promenèrent le ----- du fleuve: (1Sa 1:3) les deux fils d'-----, Hophni et Phinées: (Gen 39:6) avec lui d'autre ----- que celui de prendre: **H:** (Ps 149:8) chaînes Et leurs grands avec des ----- de fer: (1Ch 5:4) son fils; -----, son fils; Schimeï, son fils: **I:** (Jos 19:26) Allammélec, ----- et Mischeal; elle touchait: (2Sa 8:1) des Philistins les ----- de leur capitale: **J:** (Jér 15:7) Je les ----- avec le vent aux portes du pays: (Gen 46:16) Haggi, Schuni, Etsbon, -----, Arodi et Areéli: **K:** (2Ch 28:9) l'Éternel, nommé -----. Il alla au-devant: (Ex 5:7) qu'ils aillent eux-mêmes ----- de la paille: **L:** (1Ch 9:4) fils d'Omri, fils d'-----, fils de Bani: (Am 1:1) Paroles d'-----, l'un des bergers de Tekoa: (Gen 8:13) séché sur la terre. Noé ----- la couverture: **M:** (Pro 11:12) Mais l'homme qui a de l'intelligence se -----: (Job 28:1) Il y a pour l'argent une ----- d'où on le fait: (Gen 14:14) braves serviteurs, ----- dans sa maison

Mots croisés N° 11

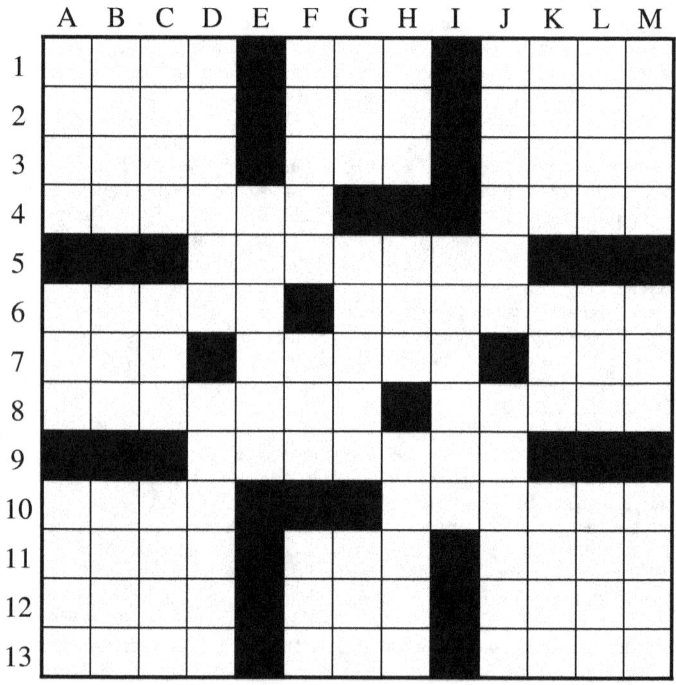

HORIZONTALEMENT 1: (1R 4:6) et Adoniram, fils d'-----, était préposé: (Ex 16:1) au désert de -----, qui est entre Elim: (1Ch 5 :26) à Chabor, à -----, et au fleuve de Gozan: **2:** (Gen 3:8) et sa femme se cachèrent ----- de la face: (Gen 46:16) Haggi, Schuni, Etsbon, -----, Arodi et Areéli: (Ps 77:17) elles ont tremblé; Les abîmes se sont -----: **3:** (Ex 2:3) prit une caisse de -----, qu'elle enduisit: (Gen 9:13) mon arc dans la -----, et il servira de signe: (Gen 41:5) gras et beaux montèrent sur une même -----: **4:** (1R 4:2) à son service. -----, fils du sacrificateur: (Gen 14:6) dans leur montagne de -----, jusqu'au chêne: **5:** (Lév 20:22) mène pour vous y ----- ne vous vomisse point: **6:** (Gen 3:7) nus, et ayant ----- des feuilles de figuier: (Luc 11:41) Donnez plutôt en ----- ce qui est dedans: **7:** (Gen 24:12) ce que je désire, et ----- de bonté envers: (Jér 7:26) l'oreille; Ils ont ----- leur cou: (2Sa 21:6) à Guibea de Saül, l'----- de l'Éternel: **8:** (Gen 31:38) je n'ai point mangé les ----- de ton troupeau: (Jér 18:14) champs? Ou voit-on ----- les eaux qui viennent: **9:** (1Th 4:13) de ceux qui sont -----, afin que vous ne vous: **10:** (Gen 30:20) Dieu m'a fait un ----- don; cette fois: (Ex 6:26) les enfants d'Israël, selon leurs -----: **11:** (Jos 15:50) Anab, Eschthemo, -----: (Gen 14:5) les Zuzim à -----, les Emim: (Ex 9:31) Le lin et l'----- avaient été frappés: **12:** (Gen 41:33) intelligent et -----, et qu'il le mette: (2Sa 3:11) Isch-Boscheth n'----- pas répliquer un seul: (Jos 15:52) -----, Duma, Eschean: **13:** (Ru 1:19) toute la ville fut ----- à cause d'elles: (Gen 14:14) et il poursuivit les rois jusqu'à -----: (Gen 14:2) de Tseboïm, et au roi de -----, qui est Tsoar

VERTICALEMENT A: (1Ch 1:51) chef Thimna, le chef -----, le chef Jetheth: (Éz 30:5) toute l'Arabie, -----, Et les fils du pays: (Ex 30:18) d'airain, avec sa ----- d'airain: **B:** (Luc 3:32) de Jobed, fils de -----, fils de Salmon: (1Sa 25:17) et il est si méchant qu'on ----- lui parler: (Jos 15:34) Zanoach, En-Gannim, Tappuach, -----: **C:** (Gen 30:21) une fille, qu'elle appela du nom de -----: (Esd 10:34) des fils de Bani, Maadaï, Amram, -----: (És 41:15) de toi un traîneau -----, tout neuf, Garni: **D:** (Act 27:29) ils jetèrent quatre ----- de la poupe: (Mar 3:8) et de l'-----, et d'au-delà du Jourdain: **E:** (Luc 3:1) tétrarque de l'----- et du territoire: **F:** (Esd 2:35) les fils de -----, trois mille six cent: (Gen 9:13) j'ai placé mon ----- dans la nue: (1Ch 7:37) Betser, -----, Schamma, Schilscha, Jithran: **G:** (1Ch 4:15) fils de Jephunné:-----, Ela et Naam: (1R 19:18) Baal, et dont la bouche ne l'a point -----: (1R 15 :8) ville de David. Et -----, son fils: **H:** (1Jn 2:22) l'Antéchrist, qui ----- le Père et le Fils: (Gen 10:22) Elam, Assur, Arpacschad, ----- et Aram: (Lév 11:5) ne mangerez pas le -----, qui rumine: **I:** (Deu 3:24) la terre, qui puisse ----- tes oeuvres: **J:** (1Ch 11:37) -----, de Carmel. Naaraï, fils d'Ezbaï: (Nom 21:28) Elle a dévoré -----, Les habitants: **K:** (Pro 7:4) ma soeur! Et appelle l'intelligence ton -----: (1Sa 14:50) était Abner, fils de -----, oncle de Saül: (Ps 5 5:3) et réponds-moi! J'----- çà et là: **L:** (Ps 74:4) adversaires ont ----- au milieu de ton temple: (1Sa 1:3) les deux fils d'-----, Hophni et Phinées: (2Sa 2:15) en nombre -----, douze pour Benjamin: **M:** (Gen 30:13) heureuse. Et elle l'appela du nom d'-----: (2R 11:6) un tiers à la porte de -----, et un tiers à l: (Gen 10:7) et Sabteca. Les fils de Raema:----- et Dedan

Mots croisés N° 12

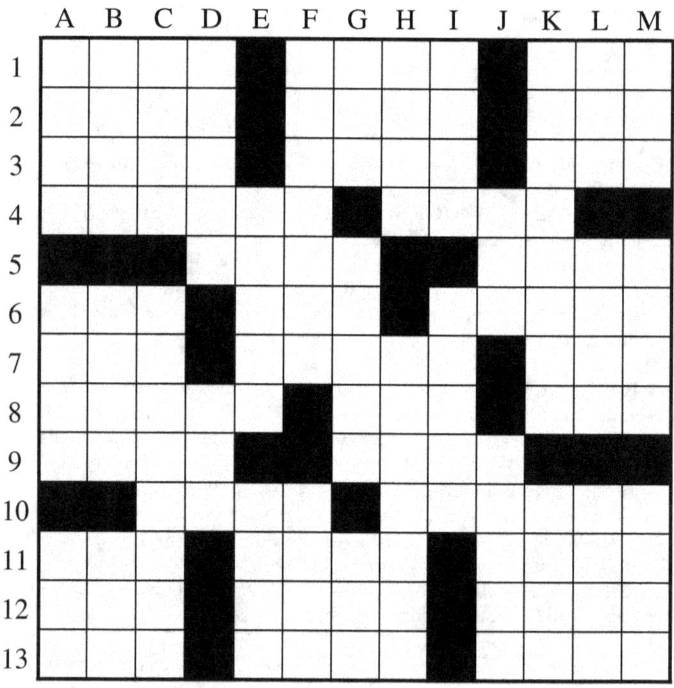

HORIZONTALEMENT 1: (Gen 10:10) sur Babel, -----, Accad et Calné, au pays: (Ex 2:13) à celui qui avait -----:Pourquoi frappes-tu: (1Sa 25:17) et il est si méchant qu'on ----- lui parler: **2:** (Nom 32:3) Nimra, Hesbon, Elealé, Sebam, ----- et Beon: (Gen 12:16) des boeufs, des -----, des serviteurs: (1R 6:38) année, au mois de -----, qui est le huitième: **3:** (Gen 10:28) -----, Abimaël, Séba: (Mat 22:2) à un roi qui fit des ----- pour son fils: (Gen 46:16) Haggi, Schuni, Etsbon, -----, Arodi et Areéli: **4:** (Néh 11:8) lui, Gabbaï et -----, neuf cent vingt-huit: (Nom 26:17) d'-----, la famille des Arodites; d'Areéli: **5:** (Gen 2:8) un jardin en -----, du côté de l'orient: (1Ch 1:30) Mischma, Duma, Massa, Hadad, -----: **6:** (Mar 1:40) il lui dit d'un ----- suppliant:Si tu le: (1Ch 7:38) Fils de Jéther:Jephunné, Pispa et -----: (Esd 2:33) les fils de Lod, de ----- et d'Ono, sept cent: **7:** (Gen 4:19) nom de l'une était -----, et le nom de l'autre: (Ecc 2:17) le soleil m'a -----, car tout est vanité: (2Sa 3:11) Isch-Boscheth n'----- pas répliquer un seul: **8:** (Gen 10:10) Il ----- d'abord sur Babel, Erec, Accad: (Est 3:7) on jeta le -----, c'est-à-dire le sort: (Gen 1:26) poissons de la -----, sur les oiseaux du ciel: **9:** (2Sa 13:33) donc point dans l'----- que tous les fils: (Jug 15:8) se retira dans la caverne du rocher d'-----: **10:** (Ru 1:4) l'une se nommait -----, et l'autre Ruth: (2Sa 3:8) tête de chien, qui ----- pour Juda? Je fais: **11:** (2R 18:2) Sa mère s'appelait -----, fille de Zacharie: (2Sa 6:3) sur la colline; ----- et Achjo: (2R 1:8) une ceinture de ----- autour des reins: **12:** (Gen 1:26) poissons de la -----, sur les oiseaux du ciel: (Lév 19:9) tu laisseras un ----- de ton champ sans le: (Gen 31:29) père m'a dit -----:Garde toi de parler: **13:** (Jér 47:4) Philistins, Les restes de l'----- de Caphtor: (2Sa 8:18) les fils de David étaient ministres d'-----: (Ex 3:14) dit à Moïse:Je ----- celui qui suis

VERTICALEMENT A: (Luc 3:38) fils d'-----, fils de Seth, fils d'Adam: (Joë 1:10) Le moût est -----, l'huile est desséchée: (Esd 2:57) fils de Pokéreth-Hatsebaïm, les fils d'-----: **B:** (Nom 31:8) Tsur, Hur et -----, cinq rois de Madian: (2Ch 28:9) l'Éternel, nommé -----. Il alla au-devant: (Esd 8:27) et deux vases d'un ----- airain poli, aussi: **C:** (Gen 36:23) Alvan, Manahath, -----, Schepho et Onam: (Lév 11:9) ceux qui ont des ----- et des écailles: **D:** (Job 30:18) sa forme, Il se ----- à mon corps comme ma: (1Sa 14:50) était Abner, fils de -----, oncle de Saül: **E:** (Jos 15:22) Kina, Dimona, -----: (1Sa 24:15) Qui poursuis-tu? Un chien mort, une -----!: **F:** (Job 37:8) dans une caverne, Et se couche dans sa -----: (Act 8:40) se trouva dans -----, d'où il alla: **G:** (1Ch 8:12) qui bâtit -----, Lod et les villes: (Act 10:11) à une grande ----- attachée par les quatre: (1Ch 5:13) Schéba, Joraï, Jaecan, ----- et Eber, sept: **H:** (1Ch 4:12) de Nachasch. Ce sont là les hommes de -----: (Héb 12:4) jusqu'au sang, en ----- contre le péché: **I:** (Jos 19:35) étaient:Tsiddim, -----, Hammath, Rakkath: (1Ch 11:32) -----, de Nachalé-Gaasch. Abiel, d'Araba: **J:** (Gen 8:13) séché sur la terre. Noé ----- la couverture: (És 42:3) point la ----- qui brûle encore; Il annoncera: **K:** (2Sa 6:10) conduire dans la maison d'----- de Gath: (Gen 1:5) les ténèbres -----. Ainsi, il y eut un soir: **L:** (2R 11:6) un tiers à la porte de -----, et un tiers à l: (Gen 3:12) La femme que tu as ----- auprès de moi: (Act 4:16) par eux, et nous ne pouvons pas le -----: **M:** (1Sa 1:3) les deux fils d'-----, Hophni et Phinées: (Esd 6:15) jour du mois d'-----, dans la sixième année: (Ps 55:3) et réponds-moi! J'----- çà et là

Mots croisés N° 13

HORIZONTALEMENT 1: (Gen 1:10) l'amas des eaux -----. Dieu vit que cela: (Jos 15:34) Zanoach, En-Gannim, Tappuach, -----: (Nom 11:5) des poireaux, des oignons et des -----: **2:** (2Sa 8:18) les fils de David étaient ministres d'-----: (Nom 34:15) leur héritage en ----- du Jourdain, vis-à-vis: (Ex 31:2) Betsaleel, fils d'-----, fils de Hur: **3:** (Jos 15:16) donnerai ma fille ----- en mariage: (Gen 10:28) -----, Abimaël, Séba: (Mar 1:40) il lui dit d'un ----- suppliant:Si tu le: **4:** (És 15:9) Et j'enverrai sur ----- de nouveaux malheurs: (Gen 4:10) fait? La voix du ----- de ton frère crie: **5:** (Ex 3:22) dans sa maison des ----- d'argent, des vases: (Gen 2:25) deux nus, et ils n'en avaient point -----: **6:** (Gen 17:12) A l'----- de huit jours, tout mâle parmi vous: (Ps 17:15) ta face; Dès le -----, je me rassasierai: **7:** (És 23:3) eaux, le blé du -----, La moisson du fleuve: (2R 19:2) sacs, vers Esaïe, le prophète, fils d'-----: (Job 25:6) qui n'est qu'un -----, Le fils de l'homme: **8:** (Nom 11:8) broyait avec des -----, ou la pilait: (Jér 47:4) Philistins, Les restes de l'----- de Caphtor: **9:** (1Sa 25:3) cet homme était -----, et sa femme s'appelait: (Gen 31:22) on annonça à Laban que Jacob s'était -----: **10:** (Est 1:20) L'----- du roi sera connu dans tout: (2Ch 34:22) fils de -----, gardien des vêtements: **11:** (Nom 34:11) Ribla, à l'orient d'-----; elle descendra: (Deu 17:19) avec lui et y ----- tous les jours de sa vie: (2R 18:34) de Sepharvaïm, d'----- et d'Ivva? Ont-ils: **12:** (Gen 24:15) l'épaule, Rebecca, ----- de Bethuel: (Jos 15:34) Zanoach, En-Gannim, Tappuach, -----: (Ex 28:30) du jugement l'----- et le thummim. **13:** (Gen 4:8) Caïn se jeta sur son frère Abel, et le -----: (Esd 2:50) les fils d'-----, les fils de Mehunim: (Gen 12:9) ses marches, en s'avançant vers le -----

VERTICALEMENT A: (Néh 3:1) la tour de ----- jusqu'à la tour de Hananeel: (És 30:24) Qu'on aura vanné avec la pelle et le -----: (1Sa 12:21) des choses de -----, qui n'apportent ni profit: **B:** (Esd 4:10) et autres lieux de ce côté du fleuve, -----: (Gen 18:21) je verrai s'ils ont ----- entièrement: (Act 15:29) trouverez bien de vous tenir en garde. -----: **C:** (2Sa 11:11) campent en ----- campagne, et moi j'entrerais: (Gen 19:26) arrière, et elle devint une statue de -----: (1Ch 8:37) Motsa engendra -----. Rapha, son fils; Eleasa: **D:** (1Co 9:24) courent dans le ----- courent tous, mais qu'un: (Pro 23:34) un homme couché sur le sommet d'un -----: **E:** (Gen 32:28) tu seras appelé -----; car tu as lutté: (Gen 29:16) s'appelait -----, et la cadette Rachel: **F:** (Gen 25:30) pour cela qu'on a donné à Esaü le nom d'-----: (Joë 2:18) L'Éternel est ----- de jalousie pour son pays: (Lév 19:36) justes et des ----- justes. Je suis l'Éternel: **G:** (Nom 32:3) Nimra, Hesbon, Elealé, Sebam, ----- et Beon: (Deu 28:49) sur toi d'un ----- d'aigle, une nation dont tu: (Gen 36:28) Voici les fils de Dischan:Uts et -----: **H:** (Jos 7:1) par interdit. -----, fils de Carmi: (Gen 8:22) et la chaleur, l'----- et l'hiver: (Gen 26:12) Isaac ----- dans ce pays, et il recueillit: **I:** (Gen 2:9) de la connaissance du bien et du -----: (Act 27:17) après l'avoir -----, on se servit des moyens: **J:** (Gen 2:5) avait point d'homme pour cultiver le -----: (Nah 1:1) Livre de la prophétie de -----, d'Elkosch: **K:** (Can 4:16) aquilon! viens, -----! Soufflez: (Néh 13:8) J'en éprouvai un ----- déplaisir, et je jetai: (Gen 46:16) Haggi, Schuni, Etsbon, -----, Arodi et Areéli: **L:** (Ex 10:8) votre Dieu. Qui sont ceux qui -----?: (2Sa 21:6) à Guibea de Saül, l'----- de l'Éternel: (Nom 24:21) est solide, Et ton ----- posé sur le roc: **M:** (Luc 19:20) voici ta mine, que j'ai gardée dans un -----: (1R 1:8) Schimeï, -----, et les vaillants hommes: (Esd 2:57) fils de Pokéreth-Hatsebaïm, les fils d'-----

Mots croisés N° 14

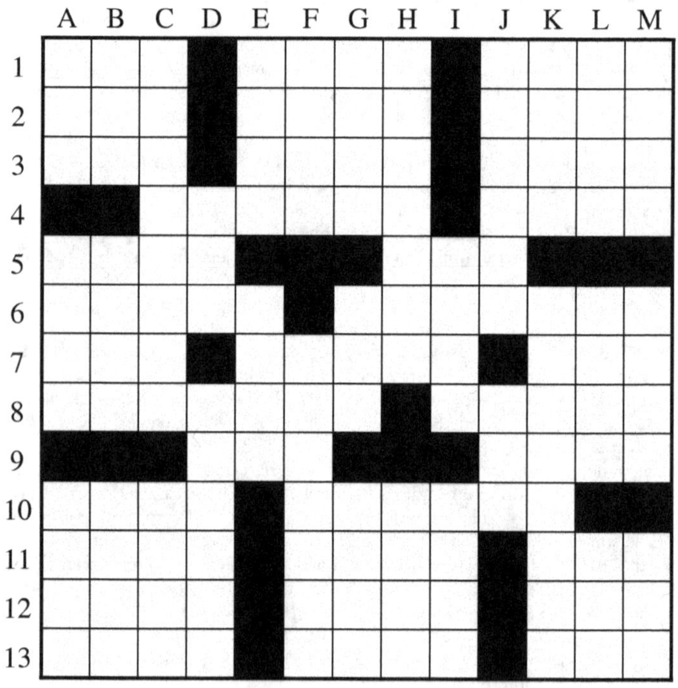

HORIZONTALEMENT 1: (És 23:3) eaux, le blé du -----, La moisson du fleuve: (Gen 10:7) fils de Cusch:-----, H avila, Sabta, Raema: (Gen 19:37) appela du nom de -----:c'est le père: **2:** (Ex 31:2) Betsaleel, fils d'-----, fils de Hur: (Ex 16:16) sa nourriture, un ----- par tête, suivant le: (Pro 7:4) ma soeur! Et appelle l'intelligence ton -----: **3:** (Gen 2:25) étaient tous deux -----, et ils n'en avaient: (2Ch 15:14) joie, et au son des trompettes et des -----: (Ex 34:6) et compatissant, ----- à la colère, riche: **4:** (Luc 22:44) Etant en -----, il priait plus instamment: (Gen 6:7) terre l'homme que j'ai -----, depuis l'homme: **5:** (Nom 32:41) -----, fils de Manassé, se mit en marche, prit: (Mat 26:70) Mais il le ----- devant tous, disant: **6:** (Za 8:4) et des femmes ----- s'assiéront encore: (Job 7:13) me soulagera, Ma couche ----- mes douleurs: **7:** (Gen 14:14) et il poursuivit les rois jusqu'à -----: (Act 19:9) chaque jour dans l'----- d'un nommé Tyrannus: (Lév 14:37) paraissant plus enfoncées que le -----: **8:** (Ti 3:12) je t'enverrai ----- ou Tychique, hâte-toi: (Luc 3:26) fils de -----, fils de Josech, fils de Joda: **9:** (És 30:24) Qu'on aura vanné avec la pelle et le -----: (Mi 1:16) ------toi, coupe ta chevelure: **10:** (Luc 3:33) d'Admin, fils d'-----, fils d'Esrom: (Gen 30:33) répondra pour moi -----, quand tu viendras: **11:** (Ex 16:31) et avait le ----- d'un gâteau au miel: (1Ch 6:73) et sa banlieue, et ----- et sa banlieue: (Esd 10:34) des fils de Bani, Maadaï, Amram, -----: **12:** (Act 9:33) un homme nommé -----, couché sur un lit depuis: (Jn 2:1) y eut des noces à ----- en Galilée. La mère: (Gen 36:41) chef Oholibama, le chef -----, le chef Pinon: **13:** (Jos 15:21) d'Edom, étaient:Kabtseel, -----, Jagur: (Gen 14:5) Zuzim à Ham, les ----- à Schavé-Kirjathaïm: (1R 7:19) figuraient des ----- et avaient quatre

VERTICALEMENT A: (Ex 33:11) Josué, fils de -----, ne sortait pas du milieu: (1Ch 2:28) Schammaï et -----. Fils de Schammaï:Nadab: (Gen 17:17) cent ans? et Sara, ----- de quatre-vingt-dix: **B:** (1Ch 4:15) fils de Jephunné:-----, Ela et Naam: (Gen 16:1) avait une servante égyptienne, nommée -----: (Lév 19:27) ne couperez point en ----- les coins de votre: **C:** (Néh 8:8) Ils ----- distinctement dans le livre: (Ex 13:21) une colonne de ----- pour les guider dans leur: **D:** (Deu 23:24) tu pourras à ton ----- manger des raisins: (Job 27:22) Et le méchant voudrait fuir pour les -----: **E:** (Jos 15:35) Jarmuth, Adullam, -----, Azéka: (Gen 26:12) Isaac ----- dans ce pays, et il recueillit: **F:** (1R 22:26) et emmène-le vers -----, chef de la ville: (Act 8:27) ministre de -----, reine d'Ethiopie: **G:** (1Ch 7:36) Suach, Harnépher, Schual, -----, Jimra: (Act 21:1) directement à -----, le lendemain à Rhodes: (Jos 15:34) Zanoach, En-Gannim, Tappuach, -----: **H:** (2R 20:13) précieuse, son -----, et tout ce qui se: (És 65:11) pour Gad, Et remplissez une coupe pour -----: **I:** (Gen 10:5) été peuplées les ----- des nations selon leurs: (Jos 15:26) -----, Schema, Molada: **J:** (1Ch 8:9) sa femme:Jobab, Tsibja, Méscha, -----: (Gen 46:16) Haggi, Schuni, Etsbon, -----, Arodi et Areéli: **K:** (Ex 16:16) sa nourriture, un ----- par tête, suivant le: (És 7:14) un fils, Et elle lui donnera le nom d'-----: **L:** (Gen 10:21) les fils d'H éber, et frère de Japhet l'-----: (2Sa 1:20) nouvelle dans les ----- d'Askalon, De peur: (1Sa 1:3) les deux fils d'-----, Hophni et Phinées: **M:** (Gen 37:20) nous dirons qu'une ----- féroce l'a dévoré: (2R 15:25) de même qu'Argob et -----; il avait avec lui: (Deu 25:18) pendant que tu étais ----- et épuisé toi-même

Mots croisés N° 15

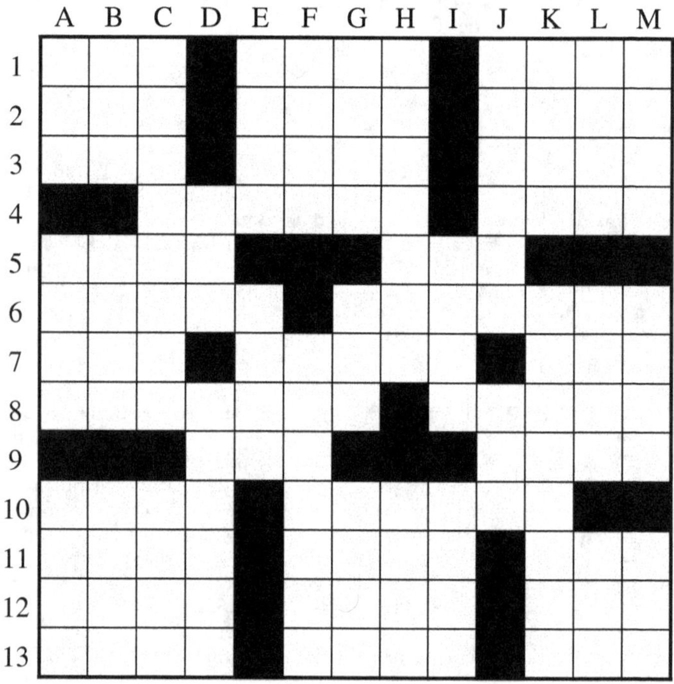

HORIZONTALEMENT 1: (Gen 9:13) j'ai placé mon ----- dans la nue: (Gen 10:22) de Sem furent:-----, Assur, Arpacsch ad, Lud: (Ps 77:19) le monde; La terre s'----- et trembla: **2:** (Gen 2:9) de la connaissance du bien et du -----: (Act 10:6) il est ----- chez un certain Simon, corroyeur: (Deu 17:19) avec lui et y ----- tous les jours de sa vie: **3:** (Gen 8:22) et la chaleur, l'----- et l'hiver: (Gen 38:4) et enfanta un fils, qu'elle appela -----: (Est 1:20) L'----- du roi sera connu dans tout: **4:** (Nom 13:20) s'il est gras ou -----, s'il y a des arbres: (Deu 4:37) Il a ----- tes pères, et il a choisi leur: **5:** (Gen 10:5) été peuplées les ----- des nations selon leurs: (2Sa 11:11) campent en ----- campagne, et moi j'entrerais: **6:** (Ex 16:1) est entre Elim et -----, le quinzième jour: (2R 20:12) fils de -----, roi de Babylone, envoya: **7:** (Gen 1:9) lieu, et que le ----- paraisse. Et cela fut: (Gen 23:2) vint pour mener ----- sur Sara et pour la: (Gen 2:7) de vie et l'homme devint une ----- vivante: **8:** (Néh 9:21) vêtements ne s'----- point, et leurs pieds: (Gen 11:31) en Chaldée, pour ----- au pays de Canaan: **9:** (Esd 10:34) des fils de Bani, Maadaï, Amram, -----: (1Ch 9:4) fils d'Omri, fils d'-----, fils de Bani: **10:** (Nom 24:7) au-dessus d'-----, Et son royaume devient: (Mat 27:14) parole, ce qui ----- beaucoup le gouverneur: **11:** (Nom 13:15) pour la tribu de Gad:Guéuel, fils de -----: (2R 1:8) C'était un homme ----- de poil et ayant: (Lév 4:12) bois:c'est sur le ----- de cendres: **12:** (Esd 6:15) jour du mois d'-----, dans la sixième année: (Act 9:33) un homme nommé -----, couché sur un lit depuis: (2Sa 20:26) et ----- de Jaïr était ministre d'Etat: **13:** (Gal 4:24) L'une du mont -----, enfantant: (2Sa 1:20) nouvelle dans les ----- d'Askalon, De peur: (Esd 4:10) et autres lieux de ce côté du fleuve, -----

VERTICALEMENT A: (Gen 2:7) de vie et l'homme devint une ----- vivante: (Deu 23:2) Celui qui est ----- d'une union illicite: (Gen 1:10) et il appela l'----- des eaux mers. Dieu vit: **B:** (És 2:20) les adorer, Aux ----- et aux chauves-souris: (2Sa 21:2) d'Israël s'étaient ----- envers eux par: (2R 15:14) Menahem, fils de -----, monta de Thirtsa: **C:** (És 16:5) par la -----; Et l'on y verra siéger: (Gen 36:27) les fils d'Etser:Bilhan, Zaavan et -----: **D:** (1R 15:8) ville de David. Et -----, son fils: (Jér 25:30) leur diras:L'Éternel ----- d'en haut: **E:** (Mar 15:34) s'écria d'une voix forte:-----, Eloï, lama: (2Sa 13:33) donc point dans l'----- que tous les fils: **F:** (Ex 2:5) se promenèrent le ----- du fleuve: (Gen 20:2) Abimélec, roi de Guérar, fit ----- Sara: **G:** (Gen 16:1) avait une servante égyptienne, nommée -----: (1Sa 20:20) de la pierre, comme si je visais un -----: (Gen 19:27) au lieu où il s'était ----- en présence: **H:** (Lév 26:41) résisterai et les ----- dans le pays de leurs: (Gen 31:16) que Dieu a ----- à notre père appartient: **I:** (Gen 16:4) Il ----- vers Agar, et elle devint enceinte: (Job 20:6) cieux, Et que sa tête toucherait aux -----: **J:** (1Ch 8:37) Rapha, son fils; -----, son fils; Atsel: (Gen 41:42) d'habits de fin -----, et lui mit un collier: **K:** (Gen 12:9) ses marches, en s'avançant vers le -----: (2Ti 4:10) Crescens est allé en Galatie, Tite en -----: **L:** (Ex 28:30) du jugement l'----- et le thummim: (Pro 27:7) qui a faim trouve doux tout ce qui est -----: (Ex 30:25) de parfums selon l'----- du parfumeur: **M:** (Gen 3:15) t'écrasera la -----, et tu lui blesseras le: (Luc 3:27) Zorobabel, fils de Salathiel, fils de -----: (Gen 37:34) il mit un ----- sur ses reins, et il porta

Mots croisés N° 16

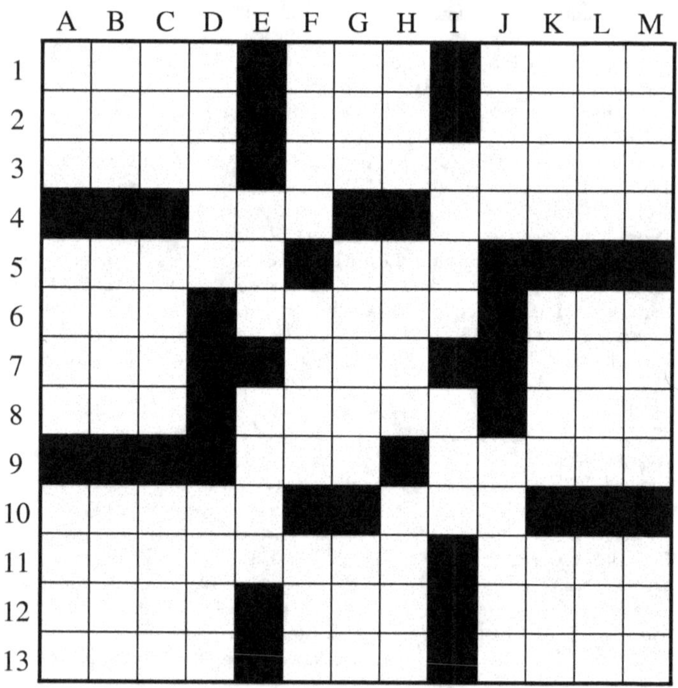

HORIZONTALEMENT 1: (1Sa 17:10) jette en ce jour un ----- à l'armée d'Israël!: (Gen 2:7) de vie et l'homme devint une ----- vivante: (Jug 15:8) Il les battit à ----- couture: **2:** (Jér 4:1) dit l'Éternel, Si tu ----- tes abominations: (Esd 8:27) et deux vases d'un ----- airain poli, aussi: (Gen 10:21) les fils d'Héber, et frère de Japhet l'-----: **3:** (Gen 27:25) Isaac dit:------moi, et que je mange: (Jér 9:5) langue à mentir, Ils s'----- à faire le mal.: **4:** (Esd 10:34) des fils de Bani, Maadaï, Amram, -----: (Gen 14:4) et la treizième -----, ils s'étaient révoltés: **5:** (Gen 25:4) furent Epha, -----, Hénoc, Abida et Eldaa: (Ex 21:33) Si un homme ----- à découvert une citerne: **6:** (Gen 29:16) s'appelait -----, et la cadette Rachel: (Act 13:51) poussière de leurs pieds, et allèrent à -----: (1Ch 7:38) Fils de Jéther:Jephunné, Pispa et -----: **7:** (Ex 31:2) Betsaleel, fils d'-----, fils de Hur: (Jug 14:20) de ses compagnons, avec lequel il était -----: (2R 9:27) à la montée de -----, près de Jibleam: **8:** (Jug 14:20) de ses compagnons, avec lequel il était -----: (1R 4:10) Le fils de -----, à Arubboth; il avait Soco: (Gen 18:21) je verrai s'ils ont ----- entièrement: **9:** (Gen 24:12) ce que je désire, et ----- de bonté envers: (Rom 13:13) jour, loin des ----- et de l'ivrognerie: **10:** (Ru 1:2) celui de sa femme -----, et ses deux fils: (Gen 18:20) Et l'Éternel dit:Le ----- contre Sodome: **11:** (Jos 20:4) de ces villes, s'----- à l'entrée de la porte: (2Sa 23:36) fils de Nathan, de Tsoba. -----, de Gad: **12:** (Pro 27:7) qui a faim trouve doux tout ce qui est -----: (Gen 41:42) d'habits de fin -----, et lui mit un collier: (Gen 14:13) et frère d'-----, qui avaient fait alliance: **13:** (Gen 45:4) vous avez vendu pour être ----- en Egypte: (1R 15:8) ville de David. Et -----, son fils: (Ru 4:17) Obed. Ce fut le père d'----- père de David

VERTICALEMENT A: (Ex 23:27) ferai tourner le ----- devant toi à tous: (Néh 6:15) jour du mois d'-----, en cinquante-deux jours: (1Ch 4:15) Iru, Ela et -----, et les fils d'Ela: **B:** (Gen 8:22) et la chaleur, l'----- et l'hiver: (Ex 9:7) d'Israël n'avait -----. Mais le coeur: (2Sa 23:7) qui les touche s'----- d'un fer ou du bois: **C:** (Gen 4:22) d'airain et de -----. La soeur de Tubal-Caïn: (Pro 15:19) est comme une ----- d'épines, Mais le sentier: (1Ch 2:25) Ram, le premier-né, Buna, ----- et Otsem, nés: **D:** (2Ch 32:30) qui boucha l'----- supérieure des eaux: (Gen 2:24) son père et sa -----, et s'attachera: **E:** (Gen 46:16) Haggi, Schuni, Etsbon, -----, Arodi et Areéli: (Gen 5:4) de Seth, furent de ----- cents ans: **F:** (Gen 4:2) encore son frère -----. Abel fut berger: (Mat 16:19) Je te donnerai les ----- du royaume des cieux: (Gen 36:41) chef Oholibama, le chef -----, le chef Pinon: **G:** (Ex 21:33) Si un homme ----- à découvert une citerne: (Ex 2:10) donna le nom de -----, car, dit-elle, je l'ai: (Ps 59:9) Éternel, tu te ----- d'eux, Tu te moques: **H:** (2Sa 21:6) à Guibea de Saül, l'----- de l'Éternel: (Act 9:33) un homme nommé -----, couché sur un lit depuis: (Jn 2:1) y eut des noces à ----- en Galilée. La mère: **I:** (Éz 24:2) mets par écrit la ----- de ce jour: (Jos 11:2) et sur les hauteurs de ----- à l'occident: **J:** (Gen 3:19) que tu mangeras du -----, jusqu'à: (2Sa 23:29) Ittaï, fils de -----, de Guibea des fils: **K:** (Job 39:8) l'âne sauvage, Et l'affranchit de tout -----?: (Nom 24:7) au-dessus d'-----, Et son royaume devient: (Gen 5:3) de cent trente -----, engendra un fils: **L:** (1Sa 1:2) des enfants, mais ----- n'en avait point: (Ps 74:4) adversaires ont ----- au milieu de ton temple: (Jos 19:13) à Rimmon, et se prolongeait jusqu'à -----: **M:** (Gen 3:15) t'écrasera la -----, et tu lui blesseras le: (2R 15:25) de même qu'Argob et -----; il avait avec lui: (1Ch 7:7) Jerimoth et -----, cinq chefs des maisons

Mots croisés N° 17

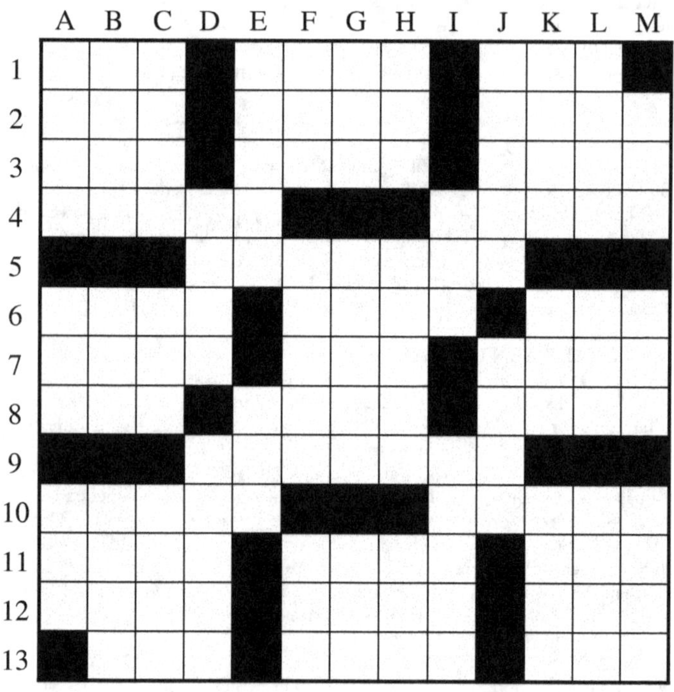

HORIZONTALEMENT 1: (Ex 33:11) Josué, fils de -----, ne sortait pas du milieu: (Gen 41:55) vers Joseph, et faites ce qu'il vous -----: (Joë 2:18) L'Éternel est ----- de jalousie pour son pays: **2:** (Gen 36:41) chef Oholibama, le chef -----, le chef Pinon: (Gen 36:43) Magdiel, le chef -----. Ce sont là les chefs: (Ex 30:12) d'aucune plaie ----- de ce dénombrement: **3:** (1Sa 1:3) les deux fils d'-----, Hophni et Phinées: (És 11:7) petits un même -----; Et le lion: (2R 15:25) de même qu'Argob et -----; il avait avec lui: **4:** (1Ch 21:1) ----- se leva contre Israël, et il excita: (1Ch 4:29) à Bilha, à -----, à Tholad: **5:** (Jos 15:24) Ziph, Thélem, -----: **6:** (Ex 21:7) Si un homme ----- sa fille pour être esclave: (1Sa 3:1) de l'Éternel était ----- en ce temps-là: (Gen 27:28) de la terre, Du ----- et du vin en abondance!: **7:** (Mar 15:34) s'écria d'une voix forte:-----, Eloï, lama: (És 44:14) Il plante des -----, Et la pluie les fait: (Deu 14:5) cerf, la gazelle et le -----; le bouquetin: **8:** (Gen 19:2) nous passerons la nuit dans la -----: (Job 6:6) manger ce qui est ----- et sans sel? Y a-t-il: (Deu 23:2) Celui qui est ----- d'une union illicite: **9:** (Éz 23:34) Tu la boiras, tu la -----, Tu la briseras: **10:** (Rom 11:29) Car les dons et l'----- de Dieu: (Act 19:39) ils se régleront dans une assemblée -----: **11:** (Act 4:16) par eux, et nous ne pouvons pas le -----: (Jos 15:35) Jarmuth, Adullam, -----, Azéka: (Gen 18:21) je verrai s'ils ont ----- entièrement: **12:** (Gen 25:32) mourir; à quoi me ----- ce droit d'aînesse?: (2R 15:30) , fils d'Ela, forma une conspiration: (90:11) courroux, selon la crainte qui t'est -----?: **13:** (Gen 12:13) -----, je te prie, que tu es ma soeur: (És 7:23) contiendra mille ----- de vigne, Valant mille: (1Ch 4:15) fils de Jephunné:-----, Ela et Naam

VERTICALEMENT A: (Gen 6:1) la terre, et que des filles leur furent -----: (Job 25:6) qui n'est qu'un -----, Le fils de l'homme: (Gen 5:3) de cent trente -----, engendra un fils: **B:** (1Ch 7:39) Fils d'-----:Arach, Hanniel et Ritsja: (2Sa 21:6) à Guibea de Saül, l'----- de l'Éternel: (Gen 8:9) la plante de son -----, et elle revint à lui: **C:** (Job 5:7) L'homme ----- pour souffrir, Comme l'étincelle: (Gen 5:29) lui donna le nom de -----, en disant:Celui-ci: (Ex 9:7) d'Israël n'avait -----. Mais le coeur: **D:** (1Ch 6:44) fils de Kischi, fils d'-----, fils de Malluc: (Job 15:33) ses fruits encore -----, Comme un olivier dont: **E:** (Ex 15:11) en sainteté, ----- de louanges, Opérant: (Gen 14:23) est à toi, pas même un -----, ni un cordon: **F:** (1Ch 7:7) Jerimoth et -----, cinq chefs des maisons: (2R 18:34) de Hamath et d'-----? Où sont les dieux: (1Sa 13:20) pour aiguiser son -----, son hoyau, sa hache: **G:** (És 2:20) les adorer, Aux ----- et aux chauves-souris: (Gen 41:21) apparence était ----- comme auparavant: (1Sa 25:17) et il est si méchant qu'on ----- lui parler: **H:** (Gen 2:7) de vie et l'homme devint une ----- vivante: (És 60:13) buis, tous ensemble, Pour ----- le lieu: (Gen 40:9) songe, voici, il y avait un ----- devant moi: **I:** (Gen 8:22) et la chaleur, l'----- et l'hiver: (Nom 24:6) d'un fleuve, Comme des ----- que l'Éternel: **J:** (Deu 2:8) de la plaine, d'----- et d'Etsjon-Guéber: (Deu 9:28) nous as fait sortir ne -----: **K:** (2R 19:28) tes narines et mon ----- entre tes lèvres: (Gen 49:25) des eaux en -----, Des bénédictions: (2R 15:14) Menahem, fils de -----, monta de Thirtsa: **L:** (2Sa 11:3) fille d'Eliam, femme d'-----, le Héthien?: (1R 7:19) figuraient des ----- et avaient quatre: (Pro 30:1) Paroles d'-----, fils de Jaké. Sentences: **M:** (Gen 5:32) cinq cents ans, engendra -----, Cham et Japhet: (Joë 2:18) L'Éternel est ----- de jalousie pour son pays: (Gen 1:9) en un seul -----, et que le sec paraisse

Mots croisés N° 18

HORIZONTALEMENT 1: (Ex 32:20) fait, et le ----- au feu; il le réduisit: (2Sa 23:29) Ittaï, fils de -----, de Guibea des fils: **2:** (Gen 45:27) que l'esprit de Jacob, leur père, se -----: (Ps 148:7) terre, Monstres -----, et vous tous, abîmes: **3:** (Jér 10:2) Ainsi parle l'Éternel:N'----- pas la voie: (És 32:18) habitations sûres, Dans des ----- tranquilles: **4:** (Gen 14:14) braves serviteurs, ----- dans sa maison: (Est 1:6) de marbre, de ----- et de pierres noires: (Joë 2:18) L'Éternel est ----- de jalousie pour son pays: **5:** (1Sa 20:9) la part de mon père et ----- de t'atteindre: **6:** (Ex 1:11) et de Ramsès, pour servir de ----- à Pharaon: (Deu 3:9) de Sirion, et les Amoréens celui de -----: **7:** (Pro 30:1) Paroles d'-----, fils de Jaké. Sentences: (Gen 4:19) nom de l'une était -----, et le nom de l'autre: (Luc 3:27) Zorobabel, fils de Salathiel, fils de -----: **8:** (Dan 5:17) tes présents; je ----- néanmoins l'écriture: (Luc 24:23) anges leurs sont ----- et ont annoncé: **9:** (1Ch 2:44) Schéma engendra -----, père de Jorkeam. Réke: **10:** (1Ch 2:7) Fils de Carmi:-----, qui troubla Israël: (Act 12:9) par l'ange était -----, et s'imaginant avoir: (2Sa 3:11) Isch-Boscheth n'----- pas répliquer un seul: **11:** (Gen 12:12) te verront, ils -----:C'est sa femme!: (Luc 3:37) de Jared, fils de Maléléel, fils de -----: **12:** (2Ch 17:11) en argent; et les ----- lui amenèrent aussi: (Gen 4:22) les instruments d'----- et de fer: **13:** (Mar 13:34) laisse sa maison, ----- l'autorité: (Gen 29:6) Est-il en bonne -----? Ils répondirent

VERTICALEMENT A: (Job 41:20) la massue qu'un ----- de paille, Il rit: (Gen 2:9) de la connaissance du bien et du -----: (Esd 6:15) jour du mois d'-----, dans la sixième année: **B:** (Jn 6:19) Après avoir ----- environ vingt-cinq ou trente: (Gen 18:21) je verrai s'ils ont ----- entièrement: (Ps 22:15) est comme de la -----, Il se fond: **C:** (Jug 20:11) contre la ville, ----- comme un seul homme: (2R 9:27) à la montée de -----, près de Jibleam: (Gen 10:22) furent:Elam, Assur, Arpacschad, Lud et -----: **D:** (Gen 47:31) se prosterna sur le chevet de son -----: (Ex 15:23) C'est pourquoi ce lieu fut appelé -----: (Ex 28:4) un éphod, une -----, une tunique brodée: **E:** (2Sa 3:13) à moins que tu n'----- d'abord Mical: (1Ch 7:12) et Huppim, fils d'-----; Huschim: (Job 33:9) péché, Je suis -----, il n'y a point en moi: **F:** (Néh 10:9) Josué, fils d'-----, Binnuï: (Act 19:19) qui avaient exercé les ----- magiques: **G:** (Act 8:27) ministre de -----, reine d'Ethiopie: **H:** (Act 12:12) mère de Jean, surnommé -----, où beaucoup: (Jos 15:53) Janum, Beth-Tappuach, -----: **I:** (És 15:2) les têtes sont -----, Toutes les barbes: (2Sa 22:7) mon Dieu; De son -----, il a entendu ma voix: **J:** (1Ch 7:7)Jerimoth et -----, cinq chefs des maisons: (Jos 15:34) Zanoach, En-Gannim, Tappuach, -----: (2Sa 20:26) et ----- de Jaïr était ministre d'Etat: **K:** (Job 16:13) sans pitié, Il répand ma ----- sur la terre: (1Sa 14:50) était Abner, fils de -----, oncle de Saül: (Gen 38:4) et enfanta un fils, qu'elle appela -----: **L:** (1Ch 6:73) et sa banlieue, et ----- et sa banlieue: (1Ch 4:15) fils de Jephunné:-----, Ela et Naam: (Gen 3:5) mais Dieu ----- que, le jour où vous: **M:** (Deu 23:2) Celui qui est ----- d'une union illicite: (Ps 59:9) Éternel, tu te ----- d'eux, Tu te moques: (1Sa 1:2) des enfants, mais ----- n'en avait point

Mots croisés N° 19

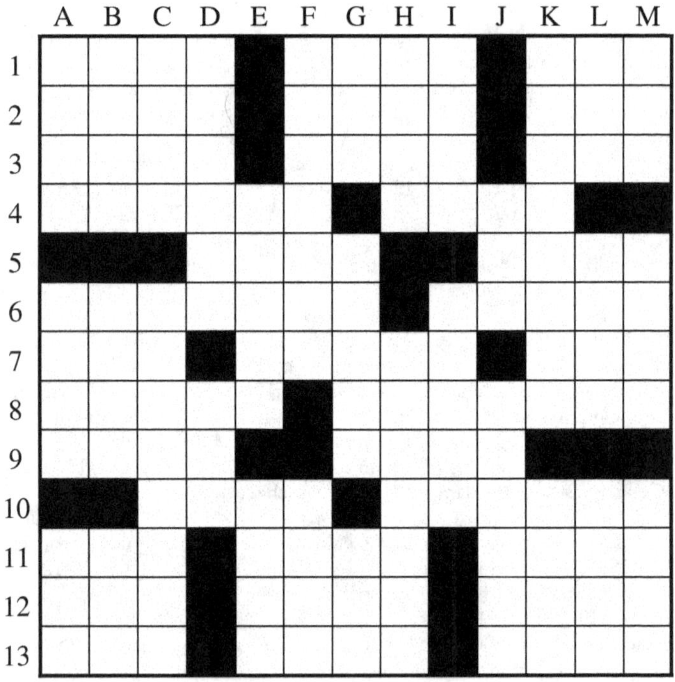

HORIZONTALEMENT 1: (2Sa 3:5) Jithream, d'-----, femme de David. Ce sont là: (Gen 10:28) -----, Abimaël, Séba: (Gen 14:5) les Zuzim à -----, les Emim: **2:** (Gen 4:20) sous des tentes et ----- des troupeaux: (Jug 7:10) descends-y avec -----, ton serviteur: (Ex 31:2) Betsaleel, fils d'-----, fils de Hur: **3:** (Lév 19:36) justes et des ----- justes. Je suis l'Éternel: (Gen 10:22) de Sem furent:-----, Assur, Arpacschad, Lud: (2Sa 11:11) campent en ----- campagne, et moi j'entrerais: **4:** (Jér 48:29) sa fierté, son arrogance, et son coeur -----: (Esd 4:9) de Babylone, de Suse, de -----, d'Elam: **5:** (Nom 4:6) par-dessus un ----- entièrement d'étoffe: (Ex 16:16) sa nourriture, un ----- par tête, suivant le: **6:** (1Pi 2:23) lui qui, -----, ne rendait point d'injures: (Lév 13:48) à la chaîne ou à la ----- de lin, ou de laine: **7:** (90:11) courroux, selon la crainte qui t'est -----?: (Lam 1:1) parmi les -----, Elle est réduite: (1Sa 20:20) de la pierre, comme si je visais un -----: **8:** (Gen 34:15) à votre ----- qu'à la condition que vous: (Luc 8:2) qui avaient été ----- d'esprits malins: **9:** (Ex 21:24) ----- pour oeil, dent pour dent, main: (Ps 55:3) et réponds-moi! J'----- çà et là: **10:** (Gen 24:2) de tous ses biens:-----, je te prie, ta main: (Esd 8:33) fils de Josué, et Noadia, fils de -----: **11:** (És 19:24) sera, lui troisième, ----- à l'Egypte: (Gen 17:15) le nom de Saraï; mais son nom sera -----: (Est 4:11) à qui le roi ----- le sceptre d'or: **12:** (Gen 4:15) que quiconque le trouverait ne le ----- point: (Gen 26:34) et Basmath, fille d'-----, le Héthien: (2Sa 8:1) des Philistins les ----- de leur capitale: **13:** (Gen 19:26) arrière, et elle devint une statue de -----: (1R 7:33) jantes, leurs ----- et leurs moyeux, tout: (Act 2:9) la Judée, la Cappadoce, le Pont, l'-----

VERTICALEMENT A: (Ex 16:36) L'omer est la dixième partie de l'-----: (1R 4:14) Achinadah, fils d'-----, à Mahanaïm: (Gen 10:23) Les fils d'Aram:-----, Hul, Guéter et Masch: **B:** (Lév 2:7) cuit sur le -----, il sera fait de fleur: (Ex 13:21) une colonne de ----- pour les guider dans leur: (Gen 9:13) mon arc dans la -----, et il servira de signe: **C:** (Ex 34:6) et compatissant, ----- à la colère, riche: (1Ch 4:36) Jeschochaja; Asaja; Adiel; -----; Benaja: **D:** (Act 2:46) chaque jour tous ensemble ----- au temple: (Jér 47:4) Philistins, Les restes de l'----- de Caphtor: **E:** (Gen 20:13) Dieu me fit ----- loin de la maison: (Jos 19:35) étaient:Tsiddim, -----, Hammath, Rakkath: **F:** (Jn 6:2) les miracles qu'il ----- sur les malades: (Luc 3:35) fils de Phalek, fils d'Eber, fils de -----: **G:** (1R 6:38) année, au mois de -----, qui est le huitième: (Mat 9:9) assis au lieu des ----- et qui s'appelait: (Gen 14:1) de Kedorlaomer, ----- d'Elam, et de Tideal: **H:** (Nom 21:1) Le roi d'-----, Cananéen, qui habitait le: (És 3:23) fines, Les ----- et les surtouts légers: **I:** (Ex 28:36) Tu feras une ----- d'or pur, et tu y graveras: (1Ch 25:3) Guedalia, -----, Esaïe, Haschabia, Matthithia: **J:** (Nom 20:22) de Kadès, et arriva à la montagne de -----: (Jos 6:11) le tour; puis on ----- dans le camp: **K:** (2Ch 2:14) -----, fils d'une femme d'entre les filles: (Gen 6:1) la terre, et que des filles leur furent -----: **L:** (1Ch 7:38) Fils de Jéther:Jephunné, Pispa et -----: (Ru 1:19) toute la ville fut ----- à cause d'elles: (1Ch 15:18) Jehiel, -----, Eliab, Benaja, Maaséja: **M:** (Gen 16:5) sur toi. J'ai ----- ma servante dans ton sein: (Ps 140:6) Ils placent des ----- le long du chemin: (2Sa 13:33) donc point dans l'----- que tous les fils

Mots croisés N° 20

HORIZONTALEMENT 1: (Ex 31:2) Betsaleel, fils d'-----, fils de Hur: (Gen 8:22) et la chaleur, l'----- et l'hiver: (Gen 41:14) de prison. Il se -----, changea de vêtements: **2:** (Deu 25:18) pendant que tu étais ----- et épuisé toi-même: (Ex 34:6) et compatissant, ----- à la colère, riche: (Pro 30:1) Paroles d'-----, fils de Jaké. Sentences: **3:** (1R 15:8) ville de David. Et -----, son fils: (1Sa 20:10) dit à Jonathan:Qui m'----- dans le cas où: **4:** (Gen 3:22) d'avancer sa -----, de prendre de l'arbre: (2R 8:22) de Juda a ----- jusqu'à ce jour. Libna se: **5:** (Deu 30:10) et ses ordres ----- dans ce livre de la loi: (Mat 10:29) pour un -----? Cependant, il n'en tombe pas: **6:** (Mat 18:13) qui ne se sont pas -----: (Ex 16:22) nourriture, deux ----- pour chacun. Tous les: **7:** (Jér 3:4) n'est-ce pas? tu ----- vers moi:Mon père!: (Luc 19:20) voici ta mine, que j'ai gardée dans un -----: **8:** (És 30:4) à Tsoan, Et ses envoyés ont atteint -----: (Jos 6:10) où je vous dirai:----- des cris! Alors vous: **9:** (Gen 24:12) ce que je désire, et ----- de bonté envers: (Ex 23:26) pays ni femme qui -----, ni femme stérile: **10:** (Gen 13:14) tu es, regarde vers le ----- et le midi: (Jug 1:36) montée d'Akrabbim, depuis -----, et en dessus: **11:** (Gal 2:18) que j'ai détruites, je me ----- moi-même: (Gen 14:14) et il poursuivit les rois jusqu'à -----: **12:** (Act 2:9) la Judée, la Cappadoce, le Pont, l'-----: (Gen 25:32) mourir; à quoi me ----- ce droit d'aînesse?: (Gen 3:20) à sa femme le nom d'-----:car elle a été la: **13:** (Jug 2:13) et ils servirent ----- et les Astartés: (Gen 1:9) lieu, et que le ----- paraisse. Et cela fut: (1Sa 14:50) était Abner, fils de -----, oncle de Saül

VERTICALEMENT A: (1Ch 7:16) Schéresch, et ses fils étaient ----- et Rékem: (Nom 33:54) ce qui lui sera ----- par le sort:vous le: (2R 6:25) et le quart d'un ----- de fiente de pigeon: **B:** (Gen 41:14) de prison. Il se -----, changea de vêtements: (Gen 41:5) Voici, sept épis ----- et beaux montèrent: (2Sa 3:11) Isch-Boscheth n'----- pas répliquer un seul: **C:** (Ru 4:17) Obed. Ce fut le père d'----- père de David: (Gen 10:21) les fils d'Héber, et frère de Japhet l'-----: (Mat 26:70) Mais il le ----- devant tous, disant: **D:** (Rom 16:15) et Julie, ----- et sa soeur, et Olympe: (Gen 19:26) arrière, et elle devint une statue de -----: **E:** (1Sa 1:3) les deux fils d'-----, Hophni et Phinées: (2Sa 18:16) et le peuple revint, ----- ainsi de poursuivre: **F:** (Gen 18:7) prit un veau ----- et bon, et le donna: (Gen 13:15) le pays que tu -----, je le donnerai à toi: **G:** (Jug 20:47) dos et qui s'étaient ----- vers le désert: (Ex 19:4) comment je vous ai ----- sur des ailes d'aigle: **H:** (Ex 2:13) à celui qui avait -----:Pourquoi frappes-tu: (Job 20:7) comme son -----, Et ceux qui le voyaient: **I:** (Dan 1:8) Daniel ----- de ne pas se souiller: (Esd 4:10) et autres lieux de ce côté du fleuve, -----: **J:** (Ru 4:19) engendra Ram; ----- engendra Amminadab: (Gen 21:29) sept jeunes brebis, que tu as ----- à part?: **K:** (Gen 17:12) A l'----- de huit jours, tout mâle parmi vous: (Deu 32:28) a perdu le bon -----, Et il n'y a point en eux: (Gen 2:8) un jardin en -----, du côté de l'orient: **L:** (2R 11:6) un tiers à la porte de -----, et un tiers à l: (Ex 9:31) Le lin et l'----- avaient été frappés: (Gen 43:31) Après s'être ----- le visage, il en sortit: **M:** (1Ch 7:38) Fils de Jéther:Jephunné, Pispa et -----: (Jér 22:3) et la veuve; n'----- pas de violence: (Gen 14:13) et frère d'-----, qui avaient fait alliance

Mots croisés N° 21

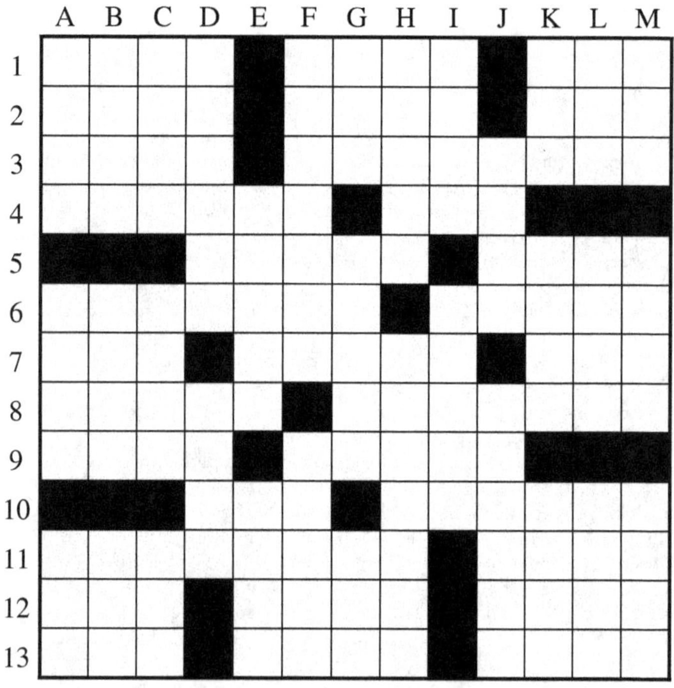

HORIZONTALEMENT 1: (Ps 141:7) laboure et qu'on ----- la terre, Ainsi nos os: (Gen 11:18) Péleg, âgé de trente ans, engendra -----: (Luc 5:1) trouvait auprès du ----- de Génésareth: **2:** (Mar 15:34) s'écria d'une voix forte:-----, Eloï, lama: (Gen 26:34) et Basmath, fille d'-----, le Héthien: (1Ch 8:12) qui bâtit -----, Lod et les villes: **3:** (Gen 2:9) agréables à ----- et bons à manger, et l'arbre: (Jos 23:12) avec elles par des -----, et si vous formez: **4:** (2Ti 2:4) vie, s'il veut plaire à celui qui l'a -----: (Esd 4:10) et autres lieux de ce côté du fleuve, -----: **5:** (Ex 6:23) et elle lui enfanta -----, Abihu, Eléazar: (Gen 42:25) de blé leurs -----, qu'on remette l'argent: **6:** (Gen 33:15) Je veux au moins ----- avec toi une partie: (Jos 22:22) et Israël le -----! Si c'est par rébellion: **7:** (1Ch 8:12) qui bâtit -----, Lod et les villes: (2R 19:2) de sacs, vers -----, le prophète: (1Ch 15:18) ordre:Zacharie, -----, Jaaziel, Schemiramoth: **8:** (Nom 13:22) Hébron avait été ----- sept ans avant Tsoan: (Éz 16:13) soie et d'étoffes -----. La fleur de farine: **9:** (Gen 36:23) Alvan, Manahath, -----, Schepho et Onam: (Pro 12:4) qui fait honte est comme la ----- dans ses os: **10:** (Jug 8:18) toi, chacun avait l'----- d'un fils de roi: (Gen 31:36) Jacob s'-----, et querella Laban. Il reprit la: **11:** (Nom 6:2) en faisant voeu de -----, pour se consacrer: (Jug 7:25) chefs de Madian, ----- et Zeeb; ils tuèrent: **12:** (Gen 46:16) Haggi, Schuni, Etsbon, -----, Arodi et Areéli: (Pro 7:4) ma soeur! Et appelle l'intelligence ton -----: (Gen 37:20) nous dirons qu'une ----- féroce l'a dévoré: **13:** (Gen 4:19) nom de l'une était -----, et le nom de l'autre: (Rom 9:1) en Christ, je ne ----- point, ma conscience: (1Sa 20:19) et tu resteras près de la pierre d'-----

VERTICALEMENT A: (2Sa 17:28) grain rôti, des -----, des lentilles, des pois: (Ex 29:13) le grand ----- du foie, les deux rognons: (Jos 19:13) à Rimmon, et se prolongeait jusqu'à -----: **B:** (Gen 26:34) et Basmath, fille d'-----, le Héthien: (Jos 11:21) de Debir, d'-----, de toute la montagne: (Gen 46:21) Naaman, Ehi, Rosch, Muppim, Huppim et -----: **C:** (Gen 30:32) et tout agneau -----, et parmi les chèvres: (Mat 5:18) de la loi un seul ----- ou un seul trait: (1Ch 5:13) Schéba, Joraï, Jaecan, ----- et Eber, sept: **D:** (Gen 37:20) des citernes; nous ----- qu'une bête féroce: (1Ch 11:29) Sibbecaï, le Huschatite. -----, d'Achoach: **E:** (Act 27:8) près duquel était la ville de -----: (Gen 36:43) Magdiel, le chef -----. Ce sont là les chefs: **F:** (Jér 46:11) tu multiplies les -----, Il n'y a point: (Gen 18:8) Il prit encore de la ----- et du lait: **G:** (Gen 36:41) chef Oholibama, le chef -----, le chef Pinon: (Jos 18:18) en face d'-----, descendait à Araba: (Nom 34:11) Ribla, à l'orient d'-----; elle descendra: **H:** (Ex 3:1) et vint à la montagne de Dieu, à -----: (Gen 34:7) ces hommes furent ----- et se mirent: **I:** (És 62:5) un jeune homme s'----- à une vierge: (Ps 33:1) l'Éternel! La louange ----- aux hommes droits: **J:** (Jos 15:16) donnerai ma fille ----- en mariage: (Ex 22:1) Si un homme ----- un boeuf ou un agneau: **K:** (Lév 14:10) pétrie à l'huile, et un ----- d'huile: (Gen 19:15) Dès l'----- du jour, les anges insistèrent: (Nom 10:9) dans votre pays, vous ----- à la guerre: **L:** (Gen 16:12) Il sera comme un ----- sauvage; sa main sera: (Gen 6:7) terre l'homme que j'ai -----, depuis l'homme: (Gen 3:15) t'écrasera la -----, et tu lui blesseras le: **M:** (Act 21:1) directement à -----, le lendemain à Rhodes: tache, ni -----, ni rien (Éph 5:27) de semblable6:: (Gen 4:2) encore son frère -----. Abel fut berger

Mots croisés N° 22

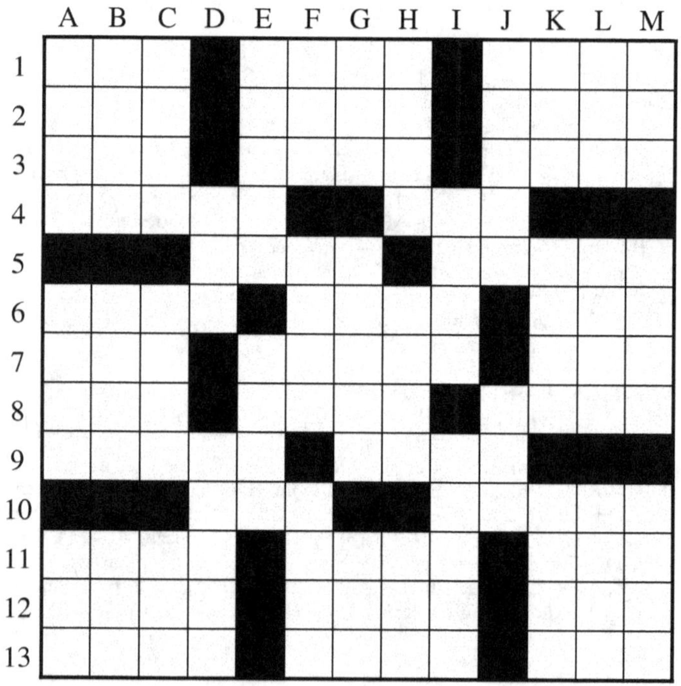

HORIZONTALEMENT 1: (Gen 16:12) Il sera comme un ----- sauvage; sa main sera: (Gen 21:22) de Picol, ----- de son armée, parla: (Deu 34:10) Il n'a plus ----- en Israël de prophète: **2:** (Act 21:1) directement à -----, le lendemain à Rhodes: (Jn 6:19) Après avoir ----- environ vingt-cinq ou trente: (2Sa 21:2) d'Israël s'étaient ----- envers eux par: **3:** (Néh 7:47) Kéros, les fils de -----, les fils de Padon: (Ps 77:19) le monde; La terre s'----- et trembla: (2R 15:25) de même qu'Argob et -----; il avait avec lui: **4:** (Jug 9:41) s'arrêta à -----. Et Zebul chassa Gaal: (Os 8:7) n'auront pas un ----- de blé; Ce qui poussera: **5:** (2Ch 26:7) Dieu l'----- contre les Philistins: (1Ch 11:31) -----, fils de Ribaï, de Guibea des fils: **6:** (Gen 1:8) appela l'étendue -----. Ainsi, il y eut: (2Sa 2:15) en nombre -----, douze pour Benjamin: (1Ch 8:12) qui bâtit -----, Lod et les villes: **7:** (Ex 30:25) de parfums selon l'----- du parfumeur: (Gen 1:26) Faisons l'homme à notre -----, selon notre: (És 2:20) les adorer, Aux ----- et aux chauves-souris: **8:** (1Sa 14:50) était Abner, fils de -----, oncle de Saül: (Act 15:1) circoncis selon le ----- de Moïse: (1Ch 23:10) Schimeï:Jachath, -----, Jeusch et Beria: **9:** (Jos 10:10) et les battit jusqu'à ----- et à Makkéda: (Luc 3:25) fils de Nahum, fils d'-----, fils de Naggaï: **10:** (Nom 34:11) Ribla, à l'orient d'-----; elle descendra: (Luc 16:8) agi en homme -----. Car les enfants: **11:** (Gen 46:10) Jemuel, Jamin, -----, Jakin et Tsochar: (Jos 11:21) de Debir, d'-----, de toute la montagne: (Gen 47:31) se prosterna sur le chevet de son -----: **12:** (Ex 23:16) de ce que tu auras ----- dans les champs: (Gen 24:67) sa femme, et il l'-----. Ainsi fut consolé: (Gen 36:41) chef Oholibama, le chef -----, le chef Pinon: **13:** (Gen 12:16) des boeufs, des -----, des serviteurs: (Gen 3:22) d'avancer sa -----, de prendre de l'arbre: (Pro 19:25) Frappe le moqueur, et le ----- deviendra sage

VERTICALEMENT A: (Jos 15:16) donnerai ma fille ----- en mariage: (Jn 2:1) y eut des noces à ----- en Galilée. La mère: (2Sa 3:11) Isch-Boscheth n'----- pas répliquer un seul: **B:** (Gen 30:32) et tout agneau -----, et parmi les chèvres: (Nom 10:9) dans votre pays, vous ----- à la guerre: (Za 6:14) Jedaeja, et pour -----, fils de Sophonie: **C:** (Gen 25:25) de poil; et on lui donna le nom d'-----: (Ex 3:14) dit à Moïse:Je ----- celui qui suis: (Gen 2:7) de vie et l'homme devint une ----- vivante: **D:** (Gen 2:9) de la connaissance du bien et du -----: (Gen 14:7) qui est -----, et battirent les Amalécites: **E:** (Ecc 2:6) je me ----- des étangs, pour arroser la forêt: (Gen 13:9) droite; si tu vas à droite, j'----- à gauche: **F:** (Gen 14:5) les Zuzim à -----, les Emim: (Ex 12:9) le mangerez point à ----- cuit et bouilli: (1Ch 4:15) Iru, Ela et -----, et les fils d'Ela: **G:** (Joë 2:18) L'Éternel est ----- de jalousie pour son pays: (Ex 28:19) rangée, une opale, une -----, une améthyste: (Mat 26:70) Mais il le ----- devant tous, disant: **H:** (Ex 5:1) célèbre au désert une ----- en mon honneur: (Lév 9:3) un veau et un agneau, ----- d'un an: (Esd 2:57) fils de Pokéreth-Hatsebaïm, les fils d'-----: **I:** (2Sa 17:19) répandit du grain ----- pour qu'on ne se doute: (Gen 24:29) nommé Laban. Et ----- courut dehors: **J:** (Jug 14:3) père:Prends-la pour moi, car elle me -----: (1R 6:1) au mois de -----, qui est le second mois: **K:** (Jug 8:18) toi, chacun avait l'----- d'un fils de roi: (Gen 36:22) de Lothan furent:----- et Hémam: (Gen 10:5) été peuplées les ----- des nations selon leurs: **L:** (1R 1:8) Schimeï, -----, et les vaillants hommes: (Néh 10:26) Achija, Hanan, -----: (Jos 18:1) se réunit à -----, et ils y placèrent la tente: **M:** (Gen 24:12) ce que je désire, et ----- de bonté envers: (Mat 5:18) de la loi un seul ----- ou un seul trait: (2Sa 8:18) les fils de David étaient ministres d'-----

Mots croisés N° 23

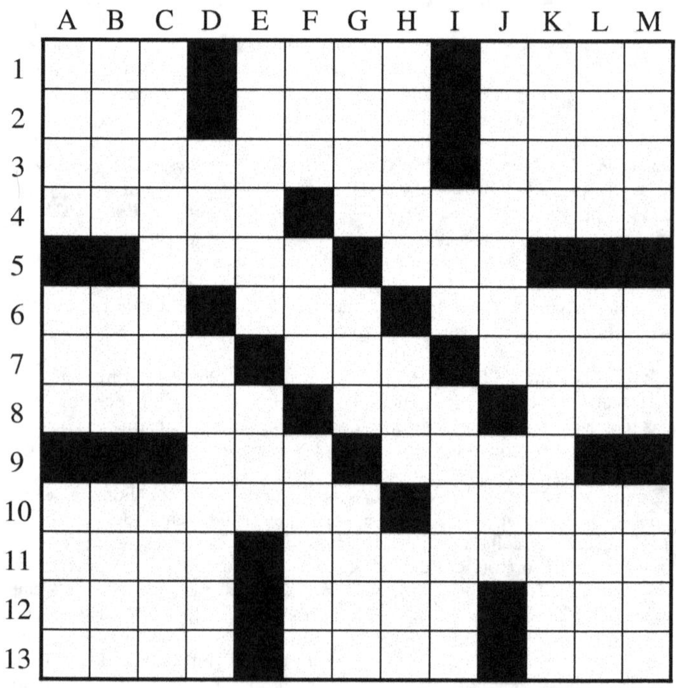

HORIZONTALEMENT 1: (Lév 14:37) paraissant plus enfoncées que le -----: (Gen 3:5) mais Dieu ----- que, le jour où vous: (Esd 6:15) jour du mois d'-----, dans la sixième année: **2:** (Jér 47:4) Philistins, Les restes de l'----- de Caphtor: (Deu 21:3) au travail et qui n'ait point ----- au joug: (Gen 39:16) Et elle ----- le vêtement de Joseph à côté: **3:** (2Sa 21:19) Philistins. Et -----, fils de Jaaré-Oreguim: (Jos 15:50) Anab, Eschthemo, -----: **4:** (1Ch 4:2) Achumaï et -----. Ce sont les familles: (Mat 12:25) ville ou maison ----- contre elle-même ne peut: **5:** (Nom 5:22) la cuisse! Et la femme nom dira:-----! Amen!: (Ps 59:9) Éternel, tu te ----- d'eux, Tu te moques: **6:** (2R 6:25) et le quart d'un ----- de fiente de pigeon: (Gen 5:32) cinq cents ans, engendra -----, Cham et Japhet: (Ex 14:16) main sur la mer, et ------la; et les enfants: **7:** (1Ch 27:30) -----, l'Ismaélite, sur les chameaux; Jechdia: (2Sa 11:11) campent en ----- campagne, et moi j'entrerais: (Pro 20:26) les méchants, Et fait passer sur eux la -----: **8:** (2Ch 30:10) Mais on se ----- et l'on se moquait d'eux: (Gen 22:9) rangea le bois. Il ----- son fils Isaac: (Gen 8:11) était dans son -----. Noé connut ainsi: **9:** (Ex 3:16) a dit:Je vous ai -----, et j'ai vu: (1Ch 7:35) frère:Tsophach, Jimna, Schélesch et -----: **10:** (1Ch 12:6) Elkana, Jischija, -----, Joézer: (Mat 23:23) de la menthe, de l'----- et du cumin: **11:** (Jn 6:19) Après avoir ----- environ vingt-cinq ou trente: (Ps 12:9) parts, Quand la ----- règne parmi les fils: **12:** (Gen 6:7) terre l'homme que j'ai -----, depuis l'homme: (1Sa 20:41) trois fois. Les deux ----- s'embrassèrent: (Gen 19:26) arrière, et elle devint une statue de -----: **13:** tache, ni -----, ni rien (Éph 5:27) de semblable:: (Gen 45:4) vous avez vendu pour être   en Egypte: (Gen 46:16) Haggi, Schuni, Etsbon, -----, Arodi et Areéli

VERTICALEMENT A: (Gen 43:11) baume et un peu de -----, des aromates: (Ps 98:6) et au son du -----, Poussez des cris de joie: (2Ch 26:14) des cuirasses, des ----- et des frondes: **B:** (1Ch 7:39) Fils d'-----:Arach, Hanniel et Ritsja: (2R 18:2) Sa mère s'appelait -----, fille de Zacharie: (1Ch 2:33) Péleth et -----.- Ce sont là les fils: **C:** (1Ch 23:17) fils d'Eliézer furent:-----, le chef; Eliézer: (Nom 5:22) la cuisse! Et la femme nom dira:-----! Amen!: **D:** (Gen 14:5) les Zuzim à -----, les Emim: (Nom 35:8) d'Israël seront ----- en plus grand nombre: **E:** (Luc 24:13) éloigné de Jérusalem de soixantes -----: (Gen 4:15) que quiconque le trouverait ne le ----- point: **F:** (Nom 34:11) Ribla, à l'orient d'-----; elle descendra: (1Sa 14:50) était Abner, fils de -----, oncle de Saül: (Nom 32:3) Nimra, Hesbon, Elealé, -----, Nebo et Beon: **G:** (Gen 4:18) Hénoc engendra -----, Irad engendra Mehujaël: (Gen 2:9) de la connaissance du bien et du -----: (Ex 28:36) Tu feras une ----- d'or pur, et tu y graveras: **H:** (Nom 5:16) et la fera ----- debout devant l'Éternel: (Néh 7:47) Kéros, les fils de -----, les fils de Padon: (Ex 16:1) au désert de -----, qui est entre Elim: **I:** (Néh 13:8) J'en éprouvai un ----- déplaisir, et je jetai: (2R 20:17) ce que tes pères ont ----- jusqu'à ce jour: **J:** (Ps 69:22) Et, pour ----- ma soif, ils m'abreuvent: (Gen 16:12) Il sera comme un ----- sauvage; sa main sera: **K:** (Gen 25:6) Il fit des ----- aux fils de ses concubines: (És 5:13) emmené captif; Sa ----- mourra de faim: **L:** (Act 2:9) la Judée, la Cappadoce, le Pont, l'-----: (90:11) courroux, selon la crainte qui t'est -----?: (Jos 19:35) étaient:Tsiddim, -----, Hammath, Rakkath: **M:** (Jn 6:19) Après avoir ----- environ vingt-cinq ou trente: (Gen 1:9) lieu, et que le ----- paraisse. Et cela fut: (Luc 3:23) on le croyait, fils de Joseph, fils d'-----

Mots croisés N° 24

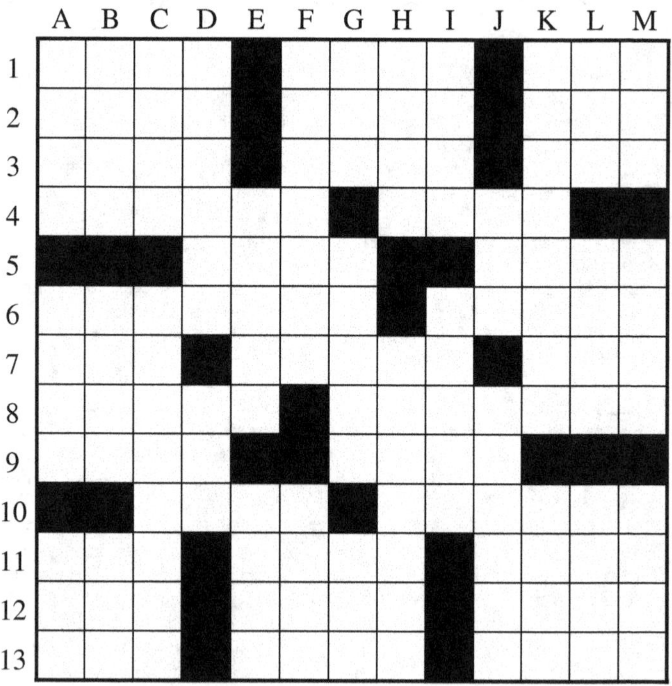

HORIZONTALEMENT 1: (Ex 30:18) Tu feras une ----- d'airain, avec sa base: (Gen 36:23) Alvan, Manahath, -----, Schepho et Onam: (Gen 5:3) de cent trente -----, engendra un fils: **2:** (És 62:5) un jeune homme s'----- à une vierge: (Ex 19:12) touchera la montagne sera ----- de mort: (Néh 7:47) Kéros, les fils de -----, les fils de Padon: **3:** (Est 1:1) régnait depuis l'----- jusqu'en Ethiopie: (Gen 10:5) été peuplées les ----- des nations selon leurs: (Gen 1:9) lieu, et que le ----- paraisse. Et cela fut: **4:** (2Sa 3:8) tête de chien, qui ----- pour Juda? Je fais: (2Sa 8:1) des Philistins les ----- de leur capitale: **5:** (Ps 44:24) Pourquoi ------tu, Seigneur? Réveille-toi!: (És 41:19) Le cyprès, l'----- et le buis, tous ensemble: **6:** (Esd 10:33) Zabad, Eliphéleth, -----, Manassé et Schimeï: Vous ----- vous-mêmes que j'ai (Gen 31:6) servi votre: **7:** (2Sa 3:11) Isch-Bosch eth n'----- pas répliquer un seul: (Act 20:15) Samos, et le jour d'après nous vînmes à -----: (Jér 47:4) Philistins, Les restes de l'----- de Caphtor: **8:** (Jos 10:21) sans que personne ----- sa langue contre: (Éz 40:43) doigts étaient ----- à la maison tout autour: **9:** (Gen 36:27) les fils d'Etser:Bilhan, Zaavan et -----: (Nom 13:10) la tribu de Zabulon:Gaddiel, fils de -----: **10:** (Gal 4:24) L'une du mont -----, enfantant: (Néh 12:12) pour Seraja, -----; pour Jérémie, Hanania: **11:** (Ex 21:19) puni, dans le ----- où l'autre viendrait à se: (1Ch 5:15) -----, fils d'Abdiel, fils de Guni,était chef: (Jn 3:23) aussi baptisait à -----, près de Salim: **12:** (Gen 46:16) Haggi, Schuni, Etsbon, -----, Arodi et Areéli: (Ex 16:31) et avait le ----- d'un gâteau au miel: (2Sa 23:11) Schamma, fils d'-----, d'Harar: **13:** (Gen 30:30) t'a béni sur mes -----. Maintenant: (Ps 55:3) et réponds-moi! J'----- çà et là: (Gen 1:10) l'amas des eaux -----. Dieu vit que cela

VERTICALEMENT A: (Ex 12:9) point à demi ----- et bouilli dans l'eau: (Esd 2:18) les fils de -----, cent douze: (Gen 40:9) songe, voici, il y avait un ----- devant moi: **B:** (1Ch 15:18) Jehiel, -----, Eliab, Benaja, Maaséja: (Gen 26:20) il donna au puits le nom d'-----: (1Ch 7:38) Fils de Jéther:Jephunné, Pispa et -----: **C:** (Gen 1:2) terre était informe et -----; il y avait: (Nom 11:4) Le ----- de gens qui se trouvaient au milieu: **D:** (Gen 9:27) Que Dieu ----- les possessions de Japhet: (És 19:24) sera, lui troisième, ----- à l'Egypte: **E:** (Gen 12:6) le pays jusqu'au lieu ----- Sichem, jusqu'aux: (Act 27:42) que quelqu'un d'eux ne s'échappe à la -----: **F:** (Os 13:7) Comme une panthère, je les ----- sur la route: (Jos 7:24) ils les firent monter dans la vallée d'-----: **G:** (1R 6:38) année, au mois de -----, qui est le huitième: (Act 15:22) Barsabas et -----, hommes considérés: (Ex 17:10) Et Moïse, Aaron et ----- montèrent au sommet: **H:** (Gen 14:13) et frère d'-----, qui avaient fait alliance: (Deu 23:7) en abomination l'-----, car il est ton frère: **I:** (Jos 8:35) que Josué ne ----- en présence: (1Co 9:24) courent dans le ----- courent tous, mais qu'un: **J:** (Nom 26:33) Mach la, -----, Hogla, Milca et Thirsta: (Jos 10:3) roi d'Hébron, à -----, roi de Jarmuth: **K:** (2Co 11:20) Si quelqu'un vous -----, si quelqu'un vous: (Gen 16:7) L'----- de l'Éternel la trouva près: **L:** (1Jn 2:22) l'Antéchrist, qui ----- le Père et le Fils: (Esd 9:2) leurs fils, et ont ----- la race sainte: (Gen 1:5) et il y eut un matin:ce fut le premier -----: **M:** (Gen 37:34) il mit un ----- sur ses reins, et il porta: (1Ch 4:4) père de Guedor, et ----- père de Huscha: (Gen 12:16) des boeufs, des -----, des serviteurs

Mots croisés N° 25

HORIZONTALEMENT 1: (Jos 15:50) Anab, Eschthemo, -----: (Esd 4:9) de Babylone, de Suse, de -----, d'Elam: (Gen 2:7) de vie et l'homme devint une ----- vivante: **2:** (1Ch 2:6) Ethan, Héman, Calcol et -----. En tout:cinq: (Gen 10:22) de Sem furent:-----, Assur, Arpacschad, Lud: (Esd 8:27) et deux vases d'un ----- airain poli, aussi: **3:** (Gen 16:1) avait une servante égyptienne, nommée -----: (Néh 13:30) Je les ----- de tout étranger, et je remis: **4:** (Nom 27:18) de Nun, homme en qui ----- l'Esprit; et tu: (1R 15:8) ville de David. Et -----, son fils: **5:** (Gen 20:13) Dieu me fit ----- loin de la maison: (Jos 18:25) Gabaon, -----, Beéroth: **6:** (Gen 21:16) et alla s'----- vis-à-vis, à une portée d'arc: (Luc 3:33) fils d'-----, fils d'Arni, fils d'Esrom: **7:** (Gen 1:30) soi un souffle de -----, je donne toute herbe: (1Sa 12:21) pas; sinon, vous ----- après des choses: (Gen 16:12) Il sera comme un ----- sauvage; sa main sera: **8:** (Jon 2:11) et le poisson ----- Jonas sur la terre: (Ps 73:2) Mes pas étaient sur le point de -----: **9:** (Néh 10:26) Achija, Hanan, -----: (1Ch 4:5) de Tekoa, eut deux femmes,----- et Naara: **10:** (90:11) courroux, selon la crainte qui t'est -----?: (Éz 23:39) Et elles sont ----- le même jour: **11:** (Nom 14:9) ne soyez point ----- contre l'Éternel: (És 41:19) Le cyprès, l'----- et le buis, tous ensemble: **12:** (1Ch 7:38) Fils de Jéther:Jephunné, Pispa et -----: (Lév 8:6) et ses fils, et il les avec de l'eau: (Dcu 31:17) au milicu dc moi quc ccs ----- m'ont atteint?: **13:** (Gen 2:8) de l'orient, et il y ----- l'homme qu'il avait: (Pro 27:7) qui a faim trouve doux tout ce qui est -----: (Act 9:33) un homme nommé -----, couché sur un lit depuis

VERTICALEMENT A: (Esd 6:15) jour du mois d'-----, dans la sixième année: (2R 17:24) de Cutha, d'-----, de Hamath et de Sepharvaïm: (Ru 4:19) engendra Ram; ----- engendra Amminadab: **B:** (Act 27:42) que quelqu'un d'eux ne s'échappe à la -----: (Deu 4:48) jusqu'à la montagne de ----- qui est l'Hermon: (Gen 46:16) Haggi, Schuni, Etsbon, -----, Arodi et Areéli: **C:** (Gen 15:15) Toi, tu ----- en paix vers tes pères: (Gen 26:12) Isaac ----- dans ce pays, et il recueillit: (Gen 31:34) avait mis sous le ----- du chameau, et s'était: **D:** (Lév 20:10) avec une femme -----, s'il commet un adultère: (Est 1:1) régnait depuis l'----- jusqu'en Ethiopie: **E:** (Ex 15:26) si tu fais ce qui est ----- à ses yeux: (1Ch 7:39) Fils d'-----:Arach, Hanniel et Ritsja: **F:** (Lam 3:4) Il a fait ----- ma chair et ma peau: (2Sa 10:16) et ils arrivèrent à -----, ayant à leur tête: **G:** (2Sa 21:6) à Guibea de Saül, l'----- de l'Éternel: (1Sa 15:12) et voici, il s'est ----- un monument: (Gen 3:20) à sa femme le nom d'-----:car elle a été la: **H:** (2Sa 23:11) fils d'Agué, d'-----. Les Philistins s'étaient: (Gen 14:1) d'Arjoc, roi d'-----, de Kedorlaomer, roi: **I:** (1Sa 20:41) trois fois. Les deux ----- s'embrassèrent: (1Ch 15:20) Zacharie, -----, Schemiramoth, Jehiel, Unni: **J:** (2R 9:30) appris, mit du ----- à ses yeux, se para la: (Mar 15:40) de Jacques le mineur et de Joses, et -----: **K:** (2R 18:2) Sa mère s'appelait -----, fille de Zacharie: (Gen 1:10) et il appela l'----- des eaux mers. Dieu vit: (Nom 26:36) fils de Schutélach:d'----- est descendue la: **L:** (Néh 3:1) la tour de ----- jusqu'à la tour de Hananeel: (Job 28:1) Il y a pour l'argent une ----- d'où on le fait: (Ru 1:19) toute la ville fut ----- à cause d'elles: **M:** (1Sa 1:3) les deux fils d'-----, Hophni et Phinées: (Gen 14:13) et frère d'-----, qui avaient fait alliance: (1Pi 3:7) comme avec un ----- plus faible; honorez-la

Mots croisés N° 26

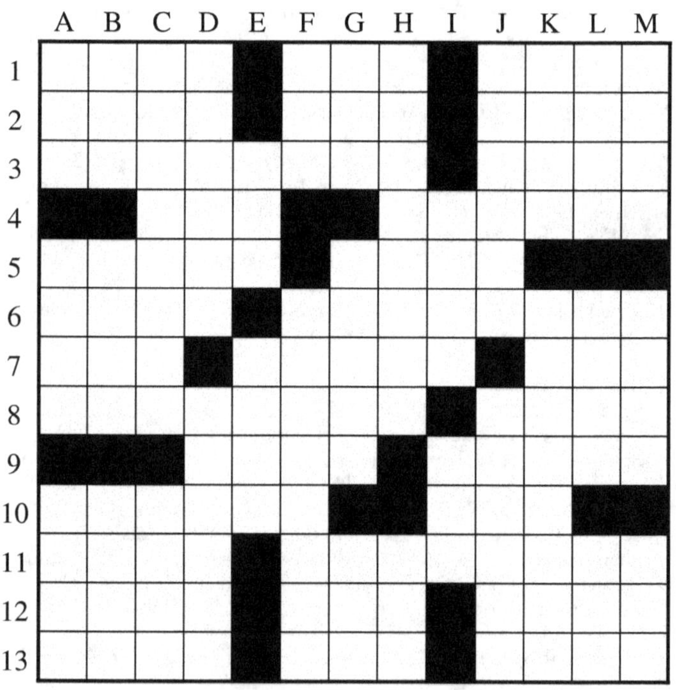

HORIZONTALEMENT 1: (Gen 10:22) de Sem furent:-----, Assur, Arpacschad, Lud: (Gen 23:8) mon mort et que je l'----- de devant mes yeux: (Gen 12:14) virent que la femme était ----- belle: **2:** (Luc 16:8) Le maître ----- l'économe infidèle: (Gen 31:27) et des chants, au ----- du tambourin: (Gen 23:4) enterrer mon mort et l'----- de devant moi: **3:** (Éz 20:7) abominations qui ----- ses regards: (Nom 32:3) Nimra, Hesbon, Elealé, Sebam, ----- et Beon: **4:** (2Sa 3:11) Isch-Boscheth n' ----- pas répliquer un seul: (Ex 26:36) l'entrée de la tente un ----- bleu, pourpre: **5:** (Mat 1:3) Pérets engendra -----; Esrom engendra Aram: (Esd 9:2) leurs fils, et ont ----- la race sainte: **6:** (Ps 119:36) vers tes préceptes, Et non vers le -----!: (Ex 30:19) et ses fils se ----- les mains et les pieds: **7:** (Gen 47:31) se prosterna sur le chevet de son -----: (Ps 120:4) Les traits ----- du guerrier: (Gen 27:16) chevreaux, et son ----- qui était sans poil: **8:** (Ps 77:9) Sa parole est-elle ----- pour l'Eternité?: (1Sa 24:15) Qui poursuis-tu? Un chien mort, une -----!: **9:** (Pro 15:19) est comme une ----- d'épines, Mais le sentier: (Lév 5:21) sa garde, d'une chose ----- ou soustraite: **10:** (Deu 29:18) parmi vous de ----- qui produise du poison: (2Sa 20:26) et ----- de Jaïr était ministre d'Etat: **11:** (Jos 15:50) Anab, Eschthemo, -----: (Ex 28:35) Aaron s'en ----- pour faire le service; quand: **12:** (Gen 26:12) Isaac ----- dans ce pays, et il recueillit: (Nom 31:8) tous les autres, -----, Rékem, Tsur, Hur: (Nom 26:36) fils de Schutélach:d' ----- est descendue la: **13:** (Nom 5:22) la cuisse! Et la femme nom dira:-----! Amen!: (Gen 19:26) arrière, et elle devint une statue de -----: (Ps 140:6) Ils placent des ----- le long du chemin

VERTICALEMENT A: (Gen 36:41) chef Oholibama, le chef -----, le chef Pinon: (2Sa 3:5) Jithream, d'-----, femme de David. Ce sont là: (Gen 41:14) de prison. Il se -----, changea de vêtements: **B:** (Gen 11:27) Abram, Nachor et Haran.- Haran engendra -----: (Ps 38:4) Il n'y a rien de ----- dans ma chair à cause: (1Ch 6:73) et sa banlieue, et ----- et sa banlieue: **C:** (Gen 41:35) fassent, sous l'----- de Pharaon, des amas: (Gen 49:26) pères Jusqu'à la ----- des antiques collines: **D:** (Gen 7:1) toi et toute ta -----; car je t'ai vu juste: (Nom 13:22) où étaient -----, Schéschaï et Talmaï: **E:** (Ru 4:19) engendra Ram; ----- engendra Amminadab: (Néh 10:26) Achija, Hanan, -----: **F:** (1Sa 25:17) et il est si méchant qu'on ----- lui parler: (Nom 7:3) chars en forme de ----- et douze boeufs: **G:** (Mar 1:40) il lui dit d'un ----- suppliant:Si tu le: (2Ch 33:6) s'adonnait à la -----, et il établit des gens: (Gen 3:20) à sa femme le nom d'-----:car elle a été la: **H:** (Néh 6:2) ayons ensemble une ----- dans les villages: (2SA 6:22) encore plus ----- que cela, et m'abaisser: **I:** (Gen 10:5) été peuplées les ----- des nations selon leurs: (Gen 1:30) soi un souffle de -----, je donne toute herbe: **J:** (És 51:16) nouveaux cieux et ----- une nouvelle terre: (Gen 43:11) du pays, pour en ----- un présent à cet homme: **K:** (Gen 31:16) que Dieu a ----- à notre père appartient: (Luc 1:2) été des témoins ----- dès le commencement: **L:** (Nom 31:8) Tsur, Hur et -----, cinq rois de Madian: (Mat 22:2) à un roi qui fit des ----- pour son fils: (És 2:20) les adorer, Aux ----- et aux chauves-souris: **M:** (2R 12:9) coffre, perça un ----- dans son couvercle: (Nom 25:15) La femme qui fut -----, la Madianite: (Gen 5:3) de cent trente -----, engendra un fils

Mots croisés N° 27

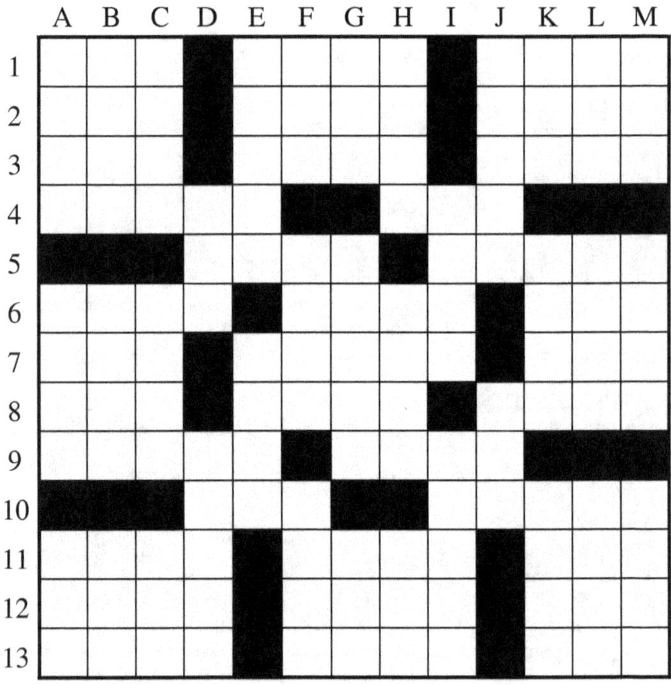

HORIZONTALEMENT 1: (Gen 10:23) Les fils d'Aram:Uts, -----, Guéter et Masch: (Jn 6:19) Après avoir ----- environ vingt-cinq ou trente: (Gen 11:18) Péleg, âgé de trente ans, engendra -----: **2:** (2Sa 20:26) et ----- de Jaïr était ministre d'Etat: (1Ch 6:73) et sa banlieue, et ----- et sa banlieue: (Gen 26:34) et Basmath, fille d'-----, le Héthien: **3:** (1Jn 2:22) l'Antéchrist, qui ----- le Père et le Fils: (Ru 4:17) Obed. Ce fut le père d'----- père de David: (2R 15:14) Menahem, fils de -----, monta de Thirtsa: **4:** (1Ch 2:30) Fils de Nadab:----- et Appaïm. Séled mourut: (Gen 2:9) de la connaissance du bien et du -----: **5:** (Nom 23:28) sur le sommet du -----, en regard du désert: (Mat 25:16) fit valoir, et il ----- cinq autres talents: **6:** (Luc 3:27) Zorobabel, fils de Salathiel, fils de -----: (Gen 30:20) Dieu m'a fait un ----- don; cette fois: (Jug 8:18) toi, chacun avait l'----- d'un fils de roi: **7:** (Gen 46:21) Guéra, Naaman, -----, Rosch, Muppim, Huppim e: (Ex 9:18) demain, à cette -----, une grêle tellement: (Gen 29:16) s'appelait -----, et la cadette Rachel: **8:** (1Sa 20:20) de la pierre, comme si je visais un -----: (2Ch 17:14) de milliers:-----, le chef, avec trois cent: (Job 14:10) meurt, et il ----- sa force; L'homme expire: **9:** (Gen 8:21) sentit une ----- agréable, et l'Éternel dit: (1Ch 9:4) fils d'Omri, fils d'-----, fils de Bani: **10:** (2Sa 11:11) campent en ----- campagne, et moi j'entrerais: (2R 12:12) pierres, pour les ----- de bois et de pierres: **11:** (Gen 9:26) Il dit encore:----- soit l'Éternel: (Gen 10:10) sur Babel, -----, Accad et Calné, au pays: (1Sa 25:17) et il est si méchant qu'on ----- lui parler: **12:** (1Pi 2:9) êtes une race -----, un sacerdoce royal: (2R 23:36) s'appelait Zebudda, fille de Pedaja, de -----: (Gen 5:32) cinq cents ans, engendra -----, Cham et Japhet: **13:** (Gen 1:8) appela l'étendue -----. Ainsi, il y eut: (Gen 1:9) se rassemblent en un ----- lieu, et que le sec: (1Ch 7:38) Fils de Jéther:Jephunné, Pispa et -----

VERTICALEMENT A: (Lév 19:36) justes et des ----- justes. Je suis l'Éternel: (Nom 32:3) Nimra, Hesbon, Elealé, Sebam, ----- et Beon: (Gen 8:11) était dans son -----. Noé connut ainsi: **B:** (2Sa 11:3) fille d'Eliam, femme d'-----, le Héthien?: (Jug 3:15) suscita un libérateur, -----, fils de Guéra: (1Sa 1:3) les deux fils d'-----, Hophni et Phinées: **C:** (Nom 3:24) Guerschonites était Eliasaph, fils de -----: (Act 15:1) circoncis selon le ----- de Moïse: (Gen 9:13) mon arc dans la -----, et il servira de signe: **D:** (Os 8:7) n'auront pas un ----- de blé; Ce qui poussera: (1Ch 6:24) son fils; -----, son fils; Ozias, son fils: **E:** (Ex 32:9) vois que ce peuple est un peuple au cou -----: (1Ch 5:26) à Chabor, à -----, et au fleuve de Gozan: **F:** (Gen 5:3) de cent trente -----, engendra un fils: (Ru 4:17) l'appelèrent -----. Ce fut le père d'Isaï père: (Gen 27:25) Isaac dit:------moi, et que je mange: **G:** (Néh 3:1) la tour de ----- jusqu'à la tour de Hananeel: (És 14:20) Tu n'es pas ----- à eux dans le sépulcre: (Gen 19:2) nous passerons la nuit dans la -----: **H:** (Gen 14:5) Zuzim à Ham, les ----- à Schavé-Kirjathaïm: (Gen 10:22) furent:Elam, Assur, Arpacschad, Lud et -----: (Joë 2:18) L'Éternel est ----- de jalousie pour son pays: **I:** (2Sa 23:11) Schamma, fils d'-----, d'Harar: (1Sa 30:29) à ceux de -----, à ceux des villes: **J:** (Job 28:25) Quand il ----- le poids du vent, Et qu'il fixa: (2Sa 12:31) mit aux scies, aux ----- de fer et aux haches: **K:** (Gen 36 :41) chef Oholibama, le chef -----, le chef Pinon: (Lév 21:20) tache à l'oeil, la -----, une dartre: (Jos 19:29) de Tyr, et vers -----, pour aboutir à la mer: **L:** (1Ch 7:37) Betser, -----, Schamma, Schilscha, Jithran: (Act 4:16) par eux, et nous ne pouvons pas le -----: (Gen 30:13) heureuse. Et elle l'appela du nom d'-----: **M:** (És 19:24) sera, lui troisième, ----- à l'Egypte: (Nom 21:1) Le roi d'-----, Cananéen, qui habitait le: (1Ch 1:30) Mischma, Duma, Massa, Hadad, -----

Mots croisés N° 28

HORIZONTALEMENT 1: (Jos 19:35) étaient:Tsiddim, -----, Hammath, Rakkath: (Gen 4:16) dans la terre de -----, à l'orient d'Eden: (Gen 4:1) conçut, et enfanta ----- et elle dit:J'ai: **2:** (Gen 10:21) les fils d'Héber, et frère de Japhet l'-----: (Gen 8:22) et la chaleur, l'----- et l'hiver: (Luc 3:33) d'Admin, fils d'-----, fils d'Esrom: **3:** (2Ch 20:9) notre détresse, et tu exauceras et tu -----!: (Jos 8:35) que Josué ne ----- en présence: **4:** (Gen 1:26) poissons de la -----, sur les oiseaux du ciel: (Lév 13:2) de son corps une -----, une dartre: **5:** (1Ch 25:3) Guedalia, -----, Esaïe, Haschabia, Matthithia: (Jos 8:35) que Josué ne ----- en présence: **6:** (Joë 2:20) dans les -----, Parce qu'il a fait de grandes: (Gen 37:20) dans une des -----; nous dirons qu'une bête: **7:** (Jér 47:4) Philistins, Les restes de l'----- de Caphtor: (1Sa 14:11) qui sortent des ----- où ils se sont cachés: (Gen 16:12) Il sera comme un ----- sauvage; sa main sera: **8:** (Act 18:17) tous, se saisissant de -----, le chef: (Jn 19:20) elle était en hébreu, en ----- et en latin: **9:** (Luc 12:6) pour deux -----? Cependant, aucun d' eux: (Éz 1:6) avait quatre -----, et chacun avait quatre: **10:** (1Ch 29:4) pour en revêtir les ----- des bâtiments: (1Sa 1:3) les deux fils d'-----, Hophni et Phinées: **11:** (Jos 7:24) ils les firent monter dans la vallée d'-----: (Gen 29:13) de lui, il l' ----- et le baisa, et il le fit: **12:** (Jn 6:19) Après avoir ----- environ vingt-cinq ou trente: (Jos 19:13) à Rimmon, et se prolongeait jusqu'à -----: (Gen 30:13) heureuse. Et elle l'appela du nom d'-----: **13:** (Gen 1:1) Au commencement, Dieu ----- les cieux: (Lév 4:12) bois:c'est sur le ----- de cendres: (Nom 34:15) leur héritage en ----- du Jourdain, vis-à-vis

VERTICALEMENT A: (Lév 4:12) bois:c'est sur le ----- de cendres: (Jug 18:19) répondirent:------toi, mets ta main: (Éz 25:5) ferai de Rabba un ----- pour les chameaux: **B:** (Néh 7:47) Kéros, les fils de -----, les fils de Padon: (Jos 18:1) se réunit à -----, et ils y placèrent la tente: (1Ch 2:7) Fils de Carmi:-----, qui troubla Israël: **C:** (Ps 50:16) Quoi donc! tu ----- mes lois, Et tu as: (Act 2:10) qui sont venus de -----, Juifs et prosélytes: **D:** (Job 31:29) d'allégresse quand les ----- l'ont atteint: (Jos 15:33) Dans la plaine:Eschthaol, -----, Aschna: **E:** (Gen 46:16) Haggi, Schuni, Etsbon, -----, Arodi et Areéli: (2Sa 8:9) -----, roi de Hamath, apprit que David avait: **F:** (1Sa 14:50) était Abner, fils de -----, oncle de Saül: (Ps 119:85) Des orgueilleux ----- des fosses devant moi: **G:** (Gen 8:13) séché sur la terre. Noé ----- la couverture: (2Sa 1:23) aigles, Ils étaient plus forts que les -----: (Néh 3:1) la tour de ----- jusqu'à la tour de Hananeel: **H:** (Luc 16:4) maisons quand je serai ----- de mon emploi: (Gen 49:25) des eaux en -----, Des bénédictions: **I:** (Deu 29:5) ne se sont point ----- sur toi, et ton soulier: (Gen 4:22) d'airain et de -----. La soeur de Tubal-Caïn: **J:** (Ps 94:13) Pour le ----- aux jours du malheur: (Gen 31:21) et se dirigea vers la montagne de -----: **K:** (2R 15:25) de même qu'Argob et -----; il avait avec lui: (Can 2:1) Je suis un ----- de Saron, Un lis des vallées: **L:** (Ps 35:15) s' assemblent à mon ----- pour m' outrager, Ils: (Act 9:33) un homme nommé -----, couché sur un lit depuis: (Gen 1:9) lieu, et que le ----- paraisse. Et cela fut: **M:** (Act 4:16) par eux, et nous ne pouvons pas le -----: (Nom 6:3) point de raisins frais ni de raisins -----: (1Ch 7:38) Fils de Jéther:Jephunné, Pispa et -----

Mots croisés N° 29

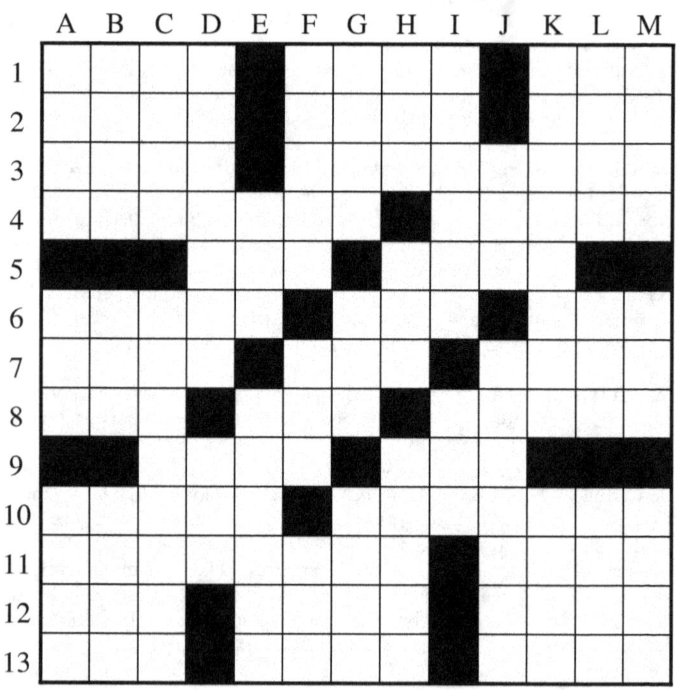

HORIZONTALEMENT 1: (Gen 16:7) L'----- de l'Éternel la trouva près: (1Ch 4:12) de Nachasch. Ce sont là les hommes de -----: (Nom 11:8) il la cuisait au -----, et en faisait: **2:** (Act 12:9) par l'ange était -----, et s'imaginant avoir: (Gen 36:23) Alvan, Manahath, Ebal, Schepho et -----: (Esd 4:18) avez envoyée a été ----- exactement: **3:** (Luc 3:33) d'Admin, fils d'-----, fils d'Esrom: (Ex 16:18) On ----- ensuite avec l'omer; celui qui avait: **4:** (Job 7:9) Comme la nuée se ----- et s'en va: (Ex 12:25) sa promesse, vous observerez cet usage -----: **5:** (1Sa 2:15) cuite, c'est de la chair ----- qu'il veut: (Ex 23:16) de ce que tu auras ----- dans les champs: **6:** (Ex 6:23) lui enfanta Nadab, -----, Eléazar et Ithamar: (Ps 98:6) et au son du -----, Poussez des cris de joie: (2Sa 11:11) campent en ----- campagne, et moi j'entrerais: **7:** (Ex 3:1) de Madian; et il ----- le troupeau derrière le: (Gen 2:5) avait point d'homme pour cultiver le -----: (Ps 78:49) La fureur, la ----- et la détresse, Une troupe: **8:** (1Sa 1:3) les deux fils d'-----, Hophni et Phinées: (Gen 27:16) chevreaux, et son ----- qui était sans poil: (Jos 19:27) Beth-Emek et de -----, et se prolongeait: **9:** (Gen 23:3) de devant son -----, et parla ainsi aux fils: (Gen 1:30) soi un souffle de -----, je donne toute herbe: **10:** (1Ch 11:42) -----, fils de Schiza, le Rubénite, chef: (Ex 5:7) briques; qu'ils ----- eux-mêmes ramasser: **11:** (Phi 3:20) nous sommes ----- des cieux, d'où nous: (Gen 1:10) et il appela l'----- des eaux mers. Dieu vit: **12:** (Esd 2:57) fils de Pokéreth-Hatsebaïm, les fils d'-----: (Ex 9:31) Le lin et l'----- avaient été frappés: (Gen 16:5) Que l'Éternel soit ----- entre moi et toi!. **13:** (Gen 24:15) l'épaule, Rebecca, ----- de Bethuel: (Act 4:16) par eux, et nous ne pouvons pas le -----: (Gen 30:13) heureuse. Et elle l'appela du nom d'-----

VERTICALEMENT A: (Nom 21:1) Le roi d'-----, Cananéen, qui habitait le: (Gen 2:7) de vie et l'homme devint une ----- vivante: (Jos 7:1) par interdit. -----, fils de Carmi: **B:** (Luc 3:27) Zorobabel, fils de Salathiel, fils de -----: (Esd 8:27) et deux vases d'un ----- airain poli, aussi: (Gen 14:20) mains! Et Abram lui donna la -----: **C:** (Gen 12:20) donna ordre à ses ----- de le renvoyer: (Gen 3:15) Je mettrai ----- entre toi et la femme: **D:** (Gen 10:4) Les fils de Javan:-----, Tarsis, Kittim: (1Ch 8:12) qui bâtit -----, Lod et les villes: **E:** (1Ch 4:15) fils de Jephunné:-----, Ela et Naam: (És 44:13) Fait un tracé au -----, Façonne le bois: **F:** (Ps 46:10) l'arc, et il a ----- la lance, Il a consumé: (Pro 19:25) Frappe le moqueur, et le ----- deviendra sage: (Gen 46:16) Haggi, Schuni, Etsbon, -----, Arodi et Areéli: **G:** (Act 9:33) un homme nommé -----, couché sur un lit depuis: (Gen 27:16) chevreaux, et son ----- qui était sans poil: (Gen 16:7) L'----- de l'Éternel la trouva près: **H:** (Ex 21:19) puni, dans le ----- où l'autre viendrait à se: (Gen 2:5) avait point d'homme pour cultiver le -----: (Jug 20:16) pierre avec la fronde, ----- un cheveu sans le: **I:** (Job 40:24) L'attacheras-tu pour ----- tes jeunes filles?: (És 23:3) eaux, le blé du -----, La moisson du fleuve: **J:** (Ru 4:19) engendra Ram; ----- engendra Amminadab: (Esd 2:2) Néhémie, Seraja, -----, Mardochée, Bilschan: **K:** (1R 18:23) taureau, et je le ----- sur le bois, sans y: (Ps 77:17) elles ont tremblé; Les abîmes se sont -----: **L:** (Deu 4:32) et a-t-on jamais ----- chose semblable?: (Gen 17:12) A l'----- de huit jours, tout mâle parmi vous: (Act 27:42) que quelqu'un d'eux ne s'échappe à la -----: **M:** (Gen 3:15) t'écrasera la -----, et tu lui blesseras le: (Gen 19:26) arrière, et elle devint une statue de -----: (Jos 19:35) étaient:Tsiddim, -----, Hammath, Rakkath

Mots croisés N° 30

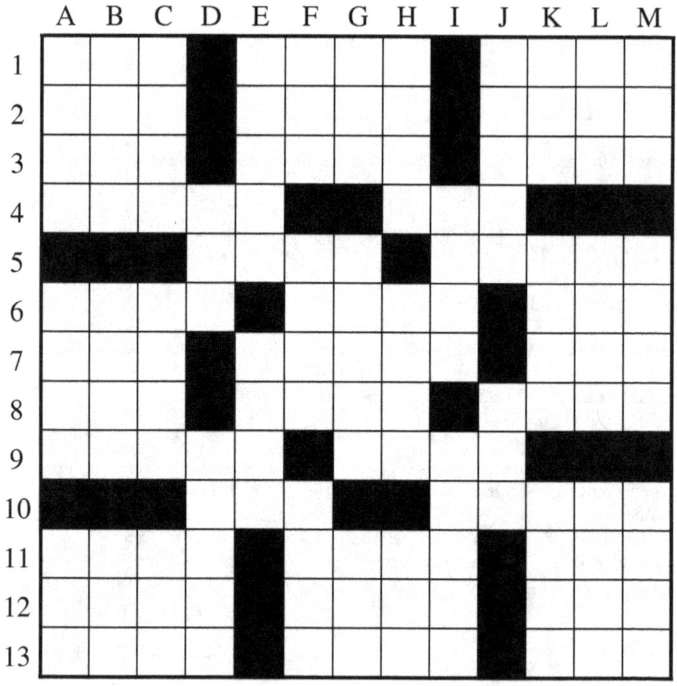

HORIZONTALEMENT 1: (Ru 4:19) engendra Ram; ----- engendra Amminadab: (Gen 10:19) de Gomorrhe, d'----- et de Tesboïm: (Gen 1:10) l' amas des eaux -----. Dieu vit que cela: **2:** (Esd 2:57) fils de Pokéreth-Hatsebaïm, les fils d'-----: (Dan 11:18) Il tournera ses ----- du côté des îles: (Dan 8:2) vision, je me trouvais près du fleuve d'-----: **3:** (Ex 21:19) puni, dans le ----- où l'autre viendrait à se: (Gen 13:9) droite; si tu vas à droite, j'----- à gauche: (Gen 41:14) de prison. Il se -----, changea de vêtements: **4:** (Jos 19:26) Allammélec, ----- et Mischeal; elle touchait: (Gen 46:21) Guéra, Naaman, -----, Rosch, Muppim, Huppim e: **5:** (Nom 21:16) à Beer. C'est ce -----, où l'Éternel dit: (1Ch 11:31) -----, fils de Ribaï, de Guibea des fils: **6:** (Joë 1:10) Le moût est -----, l'huile est desséchée: (Ex 28:36) Tu feras une ----- d'or pur, et tu y graveras: (Gen 5:3) de cent trente -----, engendra un fils: **7:** (Gen 17:12) A l'----- de huit jours, tout mâle parmi vous: (1Sa 1:6) Sa ----- lui prodiguait des mortifications: (1Ch 5:13) Schéba, Joraï, Jaecan, ----- et Eber, sept: **8:** (Gen 17:17) sur sa face; il -----, et dit en son coeur: (Ex 21:24) ----- pour oeil, dent pour dent, main: (26:11) à ce qu'il a -----, Ainsi est Pro un insensé: **9:** (1Ch 4:29) à Bilha, à -----, à Tholad: (Gen 11:18) Péleg, âgé de trente ans, engendra -----: **10:** (Gen 1:26) poissons de la -----, sur les oiseaux du ciel: (Deu 22:6) des petits ou des -----, et la mère couchée: **11:** (Gen 18:21) selon le bruit ----- jusqu'à moi; et si cela: (Gen 25:30) pour cela qu'on a donné à Esaü le nom d'-----: (Esd 4:18) avez envoyée a été ----- exactement: **12:** (1R 17.1) -----, le Thischbite, l'un des habitants: (Ps 7:13) son glaive, Il bande son arc, et il -----: (Nom 34:11) Ribla, à l'orient d'-----; elle descendra: **13:** (2Sa 1:20) nouvelle dans les ----- d'Askalon, De peur: (Gen 24:49) si vous voulez ----- de bienveillance: (Ex 21:33) Si un homme ----- à découvert une citerne

VERTICALEMENT A: (Mat 5:22) dira à son frère:-----! mérite d'être puni: (2Pi 2:13) plein jour; hommes ----- et souillés: (Job 25:6) qui n'est qu' un -----, Le fils de l'homme: **B:** (Jos 15:26) -----, Schema, Molada: (Ex 21:14) Mais si quelqu'un ----- méchamment contre son: (2Sa 21:6) à Guibea de Saül, l'----- de l'Éternel: **C:** (Gen 3:12) La femme que tu as ----- auprès de moi: (Ps 140:6) Ils placent des ----- le long du chemin: (1Jn 2:22) l'Antéchrist, qui ----- le Père et le Fils: **D:** (2R 18:2) Sa mère s'appelait -----, fille de Zacharie: (Gen 43:30) entrailles étaient ----- pour son frère: **E:** (Ps 17:12) On dirait un lion ----- de déchirer: (Act 2:10) qui sont venus de -----, Juifs et prosélytes: **F:** (Deu 8:15) pour toi de l'eau du rocher le plus -----: (1R 17:1) -----, le Thischbite, l'un des habitants: (Gen 44:28) car je ne l'ai pas ----- jusqu'à présent: **G:** (Néh 3:1) la tour de ----- jusqu'à la tour de Hananeel: (És 10:2) justice aux pauvres, Et ----- leur droit: (Gen 12:13) -----, je te prie, que tu es ma soeur: **H:** (Act 2:9) la Judée, la Cappadoce, le Pont, l'-----: (Gen 6:19) avec toi:il y aura un ----- et une femele: (1Sa 25:17) et il est si méchant qu'on ----- lui parler: **I:** (1R 16:34) De son temps, ----- de Béthel bâtit Jéricho: (Lév 27:16) d'argent pour un ----- de semence d'orge: **J:** (Job 15:35) il enfante le mal, Il ----- dans son sein: (Gen 16:13) dit:Ai-je rien vu ici, après qu' il m' a -----?: **K:** (Gen 36:41) chef Oholibama, le chef -----, le chef Pinon: (Gen 22:22) Késed, -----, Pildasch, Jidlaph et Bethuel: (1Ch 7:16) Schéresch, et ses fils étaient ----- et Rékem: **L:** (2Sa 11:11) campent en ----- campagne, et moi j'entrerais: (Jos 15:50) Anab, Eschthemo, -----: (Jér 50:16) son peuple, Que chacun ----- vers son pays: **M:** (Néh 7:47) Kéros, les fils de -----, les fils de Padon: (Ru 4:17) Obed. Ce fut le père d'----- père de David: (Jug 16:9) d'étoupe quand il ----- le feu

Mots croisés N° 31

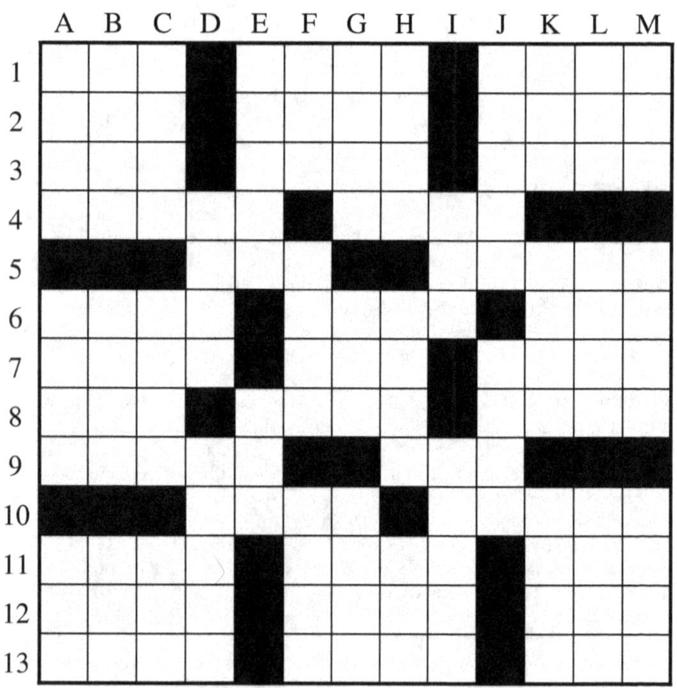

HORIZONTALEMENT 1: (Gen 36:41) chef Oholibama, le chef -----, le chef Pinon: (Ps 84:7) la vallée de -----, Ils la transforment: (Gen 44:28) car je ne l'ai pas ----- jusqu'à présent: **2:** (Gen 30:30) t'a béni sur mes -----. Maintenant: (Jos 15:21) d'Edom, étaient:Kabtseel, -----, Jagur: (Job 24:15) de l'adultère ----- le crépuscule: **3:** (Ex 29:40) et une libation d'un quart de ----- de vin: (Jn 2:1) y eut des noces à ----- en Galilée. La mère: (Gen 1:8) appela l'étendue -----. Ainsi, il y eut: **4:** (2R 18:18) et Joach, fils d'-----, l'archiviste: (2R 12:9) coffre, perça un ----- dans son couvercle: **5:** (1R 1:8) Schimeï, -----, et les vaillants hommes: (1Co 9:24) courent dans le ----- courent tous, mais qu'un: **6:** (Néh 12:36) Guilalaï, -----, Nethaneel, Juda et Hanani: (Ru 1:4) l'une se nommait -----, et l'autre Ruth: (Esd 4:9) ceux de -----, d'Arpharsathac, de Tharpel: **7:** (2Ch 26:14) des cuirasses, des ----- et des frondes: (Gen 4:8) Caïn se jeta sur son frère Abel, et le -----: (Gen 10:19) de Gomorrhe, d'----- et de Tesboïm: **8:** (Nom 24:21) est solide, Et ton nid posé sur le -----: (Jug 4:17) dans la tente de -----, femme de Héber: (Gen 2:9) l'arbre de la connaissance du ----- et du mal: **9:** (Deu 4:16) de quelque -----, la figure d'un homme: (2Sa 21:6) à Guibea de Saül, l'----- de l'Éternel: **10:** (Deu 4:32) et a-t-on jamais ----- chose semblable?: (Dan 4:27) à tes iniquités en ----- de compassion envers: **11:** (Nom 24:7) au-dessus d'-----, Et son royaume devient: (Pro 4:16) leur serait ----- s'ils n'avaient fait tomber: (Jos 19:13) à Rimmon, et se prolongeait jusqu'à -----: **12:** (Ex 28:4) un éphod, une -----, une tunique brodée: (Jos 7:24) ils les firent monter dans la vallée d'-----: (Gen 46:16) Haggi, Schuni, Etsbon, -----, Arodi et Areéli: **13:** (Mat 1:7) Roboam engendra -----; Abia engendra Asa: (Gen 6:19) avec toi:il y aura un ----- et une femelle: (Gen 16:5) sur toi. J'ai ----- ma servante dans ton sein

VERTICALEMENT A: (Ex 16:36) L'omer est la dixième partie de l'-----: (Gen 3:6) en donna aussi à son -----, qui était: (1Ch 7:38) Fils de Jéther:Jephunné, Pispa et -----: **B:** (Jug 18:7) ils arrivèrentà -----. Ils virent le peuple: (Nom 26:17) d'-----, la famille des Arodites; d'Arééli: (2Sa 21:18) une bataille à ----- avec les Philistins: **C:** (Esd 2:50) les fils d'-----, les fils de Mehunim: (Jug 1:31) les habitants d'-----, ni les habitants: (2R 18:2) Sa mère s'appelait -----, fille de Zacharie: **D:** (Gen 3:19) d'où tu as été -----; car tu es poussière: (Act 10:23) fit entrer, et les -----. Le lendemain: **E:** (1Sa 13:20) son soc, son hoyau, sa hache et sa -----: (Ps 9:17) de ses mains.- ----- d'instruments: **F:** (Gen 4:19) nom de l'une était -----, et le nom de l'autre: (Mat 5:18) de la loi un seul ----- ou un seul trait: (Gen 36:43) Magdiel, le chef -----. Ce sont là les chefs: **G:** (Gen 5:3) Adam, âgé de ----- trente ans, engendra: (Gen 19:2) nous passerons la nuit dans la -----: (Mat 5:22) dira à son frère:-----!mérite d'être puni: **H:** (2Sa 23:33) d'Harar. Achiam, fils de Scharar, d'-----: (Lév 13:6) Si la plaie est devenue ----- et ne s'est pas: (Deu 28:49) sur toi d'un ----- d'aigle, une nation dont tu: **I:** (2Sa 3:11) Isch-Boscheth n'----- pas répliquer un seul: (Nom 6:25) Que l'Éternel fasse ----- sa face sur toi: **J:** (Gen 12:16) d'elle; et Abram ----- des brebis, des boeufs: (Col 2:22) pernicieux par l'-----, et qui ne sont fondés: **K:** (Os 8:7) n'auront pas un ----- de blé; Ce qui poussera: (Luc 3:28) de Melchi, fils d'-----, fils de Kosam: (1Ch 6:73) et sa banlieue, et ----- et sa banlieue: **L:** (Gen 1:30) soi un souffle de -----, je donne toute herbe: (Gen 14:20) mains! Et Abram lui donna la -----: (Luc 3:27) Zorobabel, fils de Salathiel, fils de -----: **M:** (Esd 10:34) des fils de Bani, Maadaï, Amram, -----: (Nom 1:15) pour Nephthali:Ahira, fils d'-----: (Jug 18:19) répondirent:------toi, mets ta main

Mots croisés N° 32

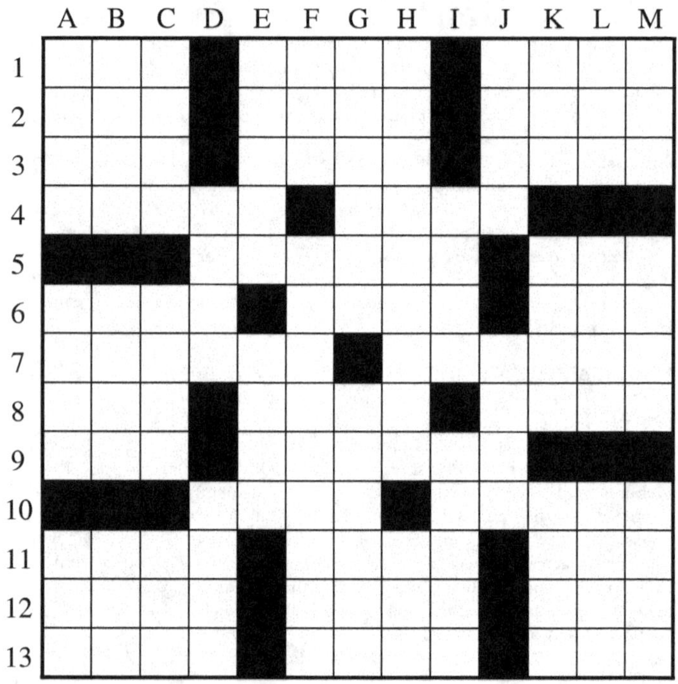

HORIZONTALEMENT 1: (Gen 22:9) rangea le bois. Il ----- son fils Isaac: (Gen 24:9) seigneur, et lui ----- d'observer ces choses: (Esd 9:2) leurs fils, et ont ----- la race sainte: **2:** (1Sa 1:3) les deux fils d'-----, Hophni et Phinées: (Gen 36:43) Magdiel, le chef -----. Ce sont là les chefs: (Ps 77:19) le monde; La terre s'----- et trembla: **3:** (Ex 21:19) puni, dans le ----- où l'autre viendrait à se: (Gen 3:12) La femme que tu as ----- auprès de moi: (Ex 13:21) une colonne de ----- pour les guider dans leur: **4:** (2Ti 1:5) d'abord dans ton ----- Loïs et dans ta mère: (1Sa 1:2) des enfants, mais ----- n'en avait point: **5:** (Lév 20:10) avec une femme -----, s'il commet un adultère: (Gen 19:26) arrière, et elle devint une statue de -----: **6:** (Gen 10:22) furent:Elam, Assur, Arpacschad, Lud et -----: (Ex 3:14) dit à Moïse:Je ----- celui qui suis: (1Ch 7:7) Jerimoth et -----, cinq chefs des maisons: **7:** (Nom 13:13) pour la tribu d'Aser:S ethur, fils de -----: (És 32:18) habitations sûres, Dans des ----- tranquilles: **8:** (Gen 8:13) séché sur la terre. Noé ----- la couverture: (Gen 29:34) C'est pourquoi on lui donna le nom de -----: (Mat 22:2) à un roi qui fit des ----- pour son fils: **9:** (1Sa 14:50) était Abner, fils de -----, oncle de S aül: (Luc 16:8) ce siècle sont plus ----- à l'égard de leurs: **10:** (Gen 9:5) le sang de vos -----, je le redemanderai: (Ex 20:5) un Dieu jaloux, qui ----- l'iniquité des pères: **11:** (1Ch 7:16) Schéresch, et ses fils étaient ----- et Rékem: (Mi 1:16) ------toi, coupe ta chevelure: (Gen 2:7) de vie et l'homme devint une ----- vivante: **12:** (1Ch 1:30) Mischma, Duma, Massa, Hadad, -----: (2S a 23:11) Schamma, fils d'-----, d'Harar: (Gen 9:13) j'ai placé mon ----- dans la nue: **13:** (Gen 4:9) Abel? Il répondit:Je ne ----- pas; suis-je le: (Gen 27:25) Isaac dit:------moi, et que je mange: (Gen 16:5) sur toi. J'ai ----- ma servante dans ton sein

VERTICALEMENT A: (1Ch 4:21) de Juda:Er, père de -----, Laeda: (1R 22:26) et emmène-le vers -----, chef de la ville: (Gen 10:23) Les fils d'Aram:-----, Hul, Guéter et Masch: **B:** (1Ch 11:29) S ibbecaï, le Huschatite. -----, d'Achoach: (Act 15:1) circoncis selon le ----- de Moïse: (Gen 29:16) s'appelait -----, et la cadette Rachel: **C:** (1Sa 16:23) alors plus à l'----- et se trouvait soulagé: (1Ch 2:7) Fils de Carmi:-----, qui troubla Israël: (Esd 2:57) fils de Pokéreth-Hatsebaïm, les fils d'-----: **D:** (Jos 19:30) De plus, -----, Aphek et Rehob. Vingt-deux: (Gen 1:10) et il appela l'----- des eaux mers. Dieu vit: **E:** (1R 22:8) Michée, fils de -----. Et Josaphat dit:Que le: (Gen 10:22) de Sem furent:-----, Assur, Arpacschad, Lud: **F:** (Ex 31:2) Betsaleel, fils d'-----, fils de Hur: (Gen 4:7) si tu agis bien, tu ----- ton visage, et si tu: **G:** (2Sa 14:26) chaque année qu'il se la -----, parce: (Gen 3:19) à la sueur de ton ----- que tu mangeras: **H:** (Éz 38:17) pendant des années, Que je t'----- contre eux?: (2R 11:6) un tiers à la porte de -----, et un tiers à l: **I:** (Gen 6:1) la terre, et que des filles leur furent -----: (1Sa 13:19) Hébreux de fabriquer des ----- ou des lances: **J:** (Gen 45:4) vous avez vendu pour être ----- en Egypte: (Ps 35:15) s'assemblent à mon ----- pour m'outrager, Ils: **K:** (Joë 2:18) L'Éternel est ----- de jalousie pour son pays: (Jos 18:1) se réunit à -----, et ils y placèrent la tente: (1Ch 4:15) Iru, Éla et -----, et les fils d'Ela: **L:** (Esd 4:18) avez envoyée a été ----- exactement: (Gen 10:10) sur Babel, -----, Accad et Calné, au pays: (1Ch 9:4) fils d'Omri, fils d'-----, fils de Bani: **M:** (Gen 8:22) et la chaleur, l'----- et l'hiver: (Jos 8:35) que Josué ne ----- en présence: (Nom 6:3) point de raisins frais ni de raisins -----

Mots croisés N° 33

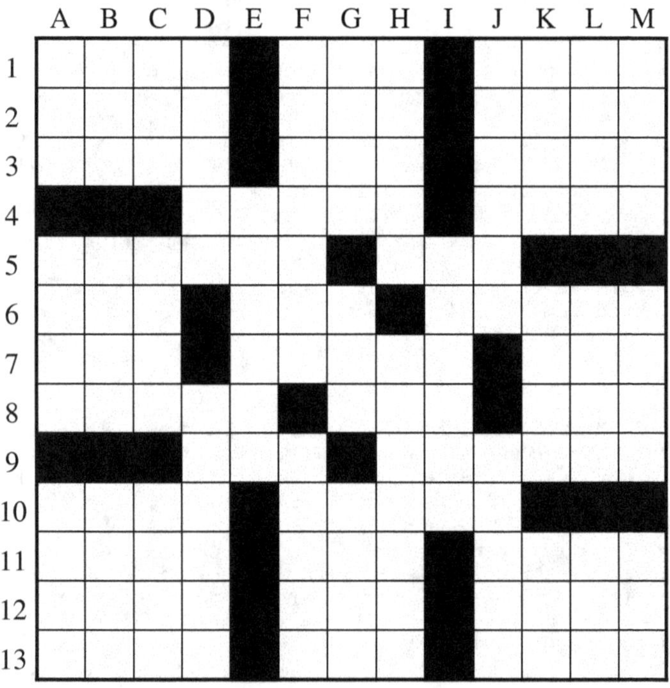

HORIZONTALEMENT 1: (Lév 4:3) ayant ----- l'onction qui a péché et a rendu: (Ex 21:19) puni, dans le ----- où l'autre viendrait à s e: (Gen 41:14) de prison. Il se -----, changea de vêtements: **2:** (1R 22:26) et emmène-le vers -----, chef de la ville: (2Sa 3:11) Is ch-Bos cheth n'----- pas répliquer un s eul: (Mat 21:2) attachée, et un ----- avec elle; détachez-les : **3:** (Nom 17:8) produit des fleurs, et ----- des amandes: (És 19:24) s era, lui troisième, ----- à l'Egypte: (Est 1:1) régnait depuis l'----- jus qu'en Ethiopie: **4:** (Ex 28:16) s era d'un -----, et sa largeur d'un empan: (Gen 14:6) dans leur montagne de -----, jus qu'au chêne: **5:** (Ex 39:22) la robe de l'éphod, ----- entièrement d'étoffe: (Os 8:7) n'auront pas un ----- de blé; Ce qui pous s era: **6:** (Gen 46:16) Haggi, Schuni, Ets bon, -----, Arodi et Areéli: (Jos 19:13) à Rimmon, et s e prolongeait jus qu'à -----: (2Ch 23:1) année, Jehojada s '----- de courage, et traita: **7:** (Gen 2:9) de la connais s ance du bien et du -----: (Job 16:18) Et que mes cris prennent librement leur -----!: (Nom 24:21) est solide, Et ton nid posé sur le -----: **8:** (Ex 34:7) qui cons erve s on ----- jus qu'à mille: (1Ch 7:38) Fils de Jéther: Jephunné, Pis pa et -----: (Gen 4:19) nom de l'une était -----, et le nom de l'autre: **9:** (És 2:20) les adorer, Aux ----- et aux chauves-s ouris: (Gen 25:28) qu'il mangeait du -----; et Rebecca aimait: **10:** (1Ch 4:8) Kots engendra ----- et Hats obéba: (Gen 18:5) continuerez votre -----; car c'est pour cela: **11:** (És 6:6) l'un des séraphins ----- vers moi, tenant: (Gen 2:7) de vie et l'homme devint une ----- vivante: (Gen 26:34) et Basmath, fille d'-----, le Héthien: **12:** (Gen 20:12) De plus, il est ----- qu'elle es t ma soeur: (Gen 18:20) Et l'Éternel dit: Le ----- contre Sodome: (Mi 1:16) ------toi, coupe ta chevelure: **13:** (Esd 2:15) les fils d'-----, quatre cent: (Nom 11:5) des poireaux, des oignons et des -----: (Gen 30:13) heureuse. Et elle l'appela du nom d'-----

VERTICALEMENT A: (Ru 4:19) engendra Ram; ----- engendra Amminadab: (1Ch 1:30) Mis chma, Duma, Mas s a, Hadad, -----: (2R 17:24) de Cutha, d'-----, de Hamath et de Sepharvaïm: **B:** (Joë 2:18) L'Éternel es t ----- de jalousie pour son pays: (Gen 36:43) Magdiel, le chef -----. Ce s ont là les chefs: (Gen 13:14) tu es, regarde vers le ----- et le midi: **C:** (Ps 98:6) et au s on du -----, Pous s ez des cris de joie: (Jos 18:1) se réunit à -----, et ils y placèrent la tente: (Dan 8:2) vis ion, je me trouvais près du fleuve d'-----: **D:** (Éz 37:17) en sorte qu'elles s oient ----- dans ta main: (Rom 16:9) Saluez -----, notre compagnon d'oeuvre: **E:** (Nom 14:8) favorable, il nous ----- dans ce pays : **F:** (Jos 3:13) Jourdain seront -----, les eaux qui des cendent: (Job 28:26) la pluie, Et qu'il ----- la route de l'éclair: **G:** (Esd 2:50) les fils d'-----, les fils de Mehunim: (1R 15:8) ville de David. Et -----, son fils: (1R 16:16) camp pour roi d'Is raël -----, chef de l'armée: **H:** (2R 5:10) ta chair redeviendra -----, et tu seras pur: (Lév 26:19) Je briserai l'----- de votre force, je rendrai: **I:** (Lév 13:5) Si la plaie lui ----- ne pas avoir fait: **J:** (Nom 6:4) depuis les pépins jusqu'à la peau du -----: (1Ch 5:6) -----, son fils, que Tilgath-Pilnéser, roi: **K:** (1Sa 1:2) des enfants, mais ----- n'en avait point: (Gen 13:9) droite; si tu vas à droite, j'----- à gauche: (Deu 25:18) pendant que tu étais ----- et épuis é toi-même: **L:** (Nom 13:10) la tribu de Zabulon: Gaddiel, fils de -----: (Es t 9:27) jours , s elon le ----- pres crit et au temps: (1Sa 25:17) et il es t si méchant qu'on ----- lui parler: **M:** (Gen 14:13) et frère d'-----, qui avaient fait alliance: (1Ch 2:7) Fils de Carmi: -----, qui troubla Israël: (1Sa 14:50) était Abner, fils de -----, oncle de Saül

Mots croisés N° 34

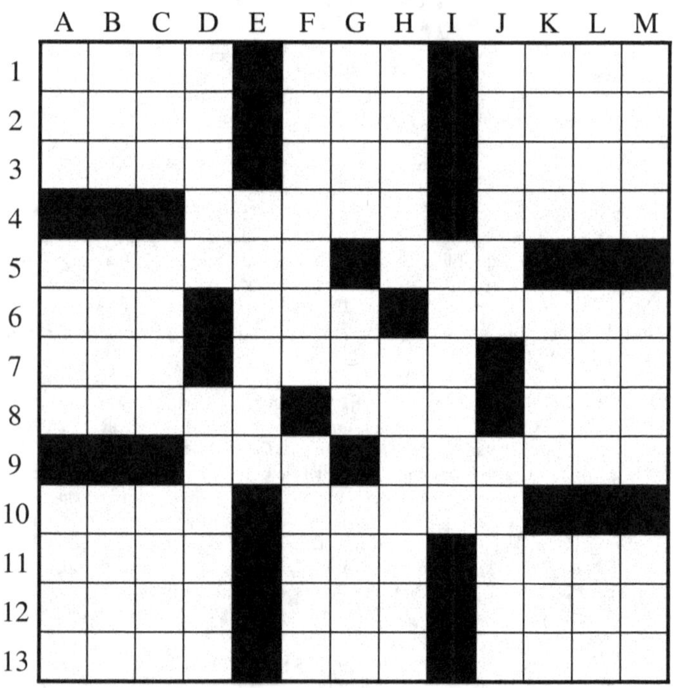

HORIZONTALEMENT 1: (Ex 29:13) le grand ----- du foie, les deux rognons: (Gen 2:7) de vie et l'homme devint une ----- vivante: (Gen 21:6) de rire; quiconque l'apprendra ----- de moi: **2:** (Jos 11:21) de Debir, d'-----, de toute la montagne: (Gen 8:11) était dans son -----. Noé connut ainsi: (Nom 26:36) fils de Schutélach:d'----- est descendue la: **3:** (Gen 2:22) une femme de la ----- qu'il avait prise: (2Sa 20:26) et ----- de Jaïr était ministre d'Etat: (Gen 3:8) loin de la ----- de l'Éternel Dieu, au milieu: **4:** (És 25:11) les étend pour -----; Mais l'Éternel abat: (Gen 24:49) si vous voulez ----- de bienveillance: **5:** (Jug 4:2) chef de son armée était -----, et habitait: (Lév 4:12) bois:c'est sur le ----- de cendres: **6:** (Gen 3:20) à sa femme le nom d'-----:car elle a été la: (Gen 16:5) sur toi. J'ai ----- ma servante dans ton sein: (Jos 15:8) méridional de -----, qui est Jérusalem: **7:** (Gen 18:20) Et l'Éternel dit:Le ----- contre Sodome: (1Ch 2:39) Azaria engendra Halets; Halets engendra -----: (Gen 36:41) chef Oholibama, le chef -----, le chef Pinon: **8:** (Dan 2:14) prudente et ----- à Arjoc, chef des gardes: (Ps 98:6) et au son du -----, Poussez des cris de joie: (1Sa 1:3) les deux fils d'-----, Hophni et Phinées: **9:** (1R 15:8) ville de David. Et -----, son fils: (Deu 6:8) Tu les ----- comme un signe sur tes mains: **10:** (1Ch 4:8) Kots engendra ----- et Hatsobéba: (Gen 10:7) et Sabteca. Les fils de Raema:Séba et -----: **11:** (Gen 49:26) pères Jusqu'à la ----- des antiques collines: (Gen 4:19) nom de l'une était -----, et le nom de l'autre: (2R 9:30) appris, mit du ----- à ses yeux, se para la: **12:** (Ex 23:16) de ce que tu auras ----- dans les champs: (És 22:17) l'Éternel te lancera d'un ----- vigoureux: (Gen 1:9) en un seul -----, et que le sec paraisse. **13:** (Gen 36:28) Voici les fils de Dischan:Uts et -----: (Gen 5:3) de cent trente -----, engendra un fils: (1R 17:1) -----, le Thischbite, l'un des habitants

VERTICALEMENT A: (Luc 5:1) trouvait auprès du ----- de Génésareth: (Nom 6:3) point de raisins frais ni de raisins -----: (Jos 15:16) donnerai ma fille ----- en mariage: **B:** (1Ch 8:12) qui bâtit -----, Lod et les villes: (1Sa 1:13) point sa voix. Eli pensa qu'elle était -----: (Act 4:16) par eux, et nous ne pouvons pas le -----: **C:** (Gen 31:34) avait mis sous le ----- du chameau, et s'était: (Gen 16:5) servante dans ton -----; et, quand elle a vu: (Jos 19:30) De plus, -----, Aphek et Rehob. Vingt-deux: **D:** (Éz 27:15) payait avec des cornes d'ivoire et de l'-----: (Job 1:15) des ----- se sont jetés dessus, les: **E:** (Ex 6:26) les enfants d'Israël, selon leurs -----: **F:** (1Sa 25:3) femme s'appelait -----; c'était une femme: (2R 22:1) s'appelait Jedida, fille d'-----, de Botskath: **G:** (Gen 2:24) son père et sa -----, et s'attachera: (Gen 37:34) il mit un ----- sur ses reins, et il porta: (Gen 2:8) un jardin en -----, du côté de l'orient: **H:** (2Sa 3:27) Joab le tira à l'----- au milieu de la porte: (Nom 31:21) Eléazar dit aux ----- qui étaient allés: **I:** (Esd 7:1) fils de Seraja, fils d'-----, fils de Hilkija: **J:** (Ex 7:14) le coeur endurci; il ----- de laisser aller le: (Deu 8:14) que ton coeur ne s'-----, et que tu n'oublies: **K:** (Gen 15:15) Toi, tu ----- en paix vers tes pères: (Nom 21:16) à Beer. C'est ce -----, où l'Éternel dit: (Nom 11:5) des poireaux, des oignons et des -----: **L:** (Gen 7:3) de conserver leur ----- en vie sur la face: (1Ch 7:39) Fils d'-----:Arach, Hanniel et Ritsja: (1R 1:8) Schimeï, -----, et les vaillants hommes: **M:** (Gen 14:13) et frère d'-----, qui avaient fait alliance: (Gen 4:9) Abel? Il répondit:Je ne ----- pas; suis-je le: (90:11) courroux, selon la crainte qui t'est -----?

Mots croisés N° 35

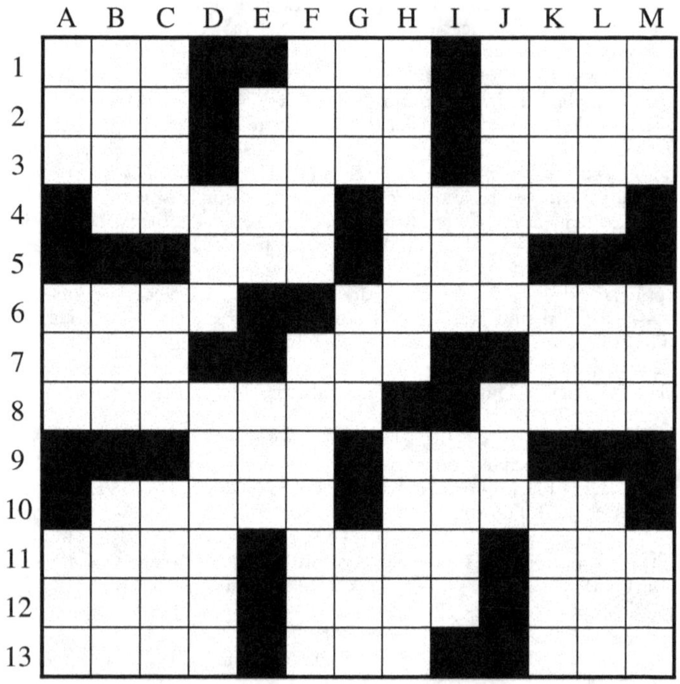

HORIZONTALEMENT 1: (2Sa 21:18) une bataille à ----- avec les Philistins: (Nom 11:8) il la cuisait au -----, et en faisait: (Jos 15:55) -----, Carmel, Ziph, Juta: **2:** (Esd 10:34) des fils de Bani, Maadaï, Amram, -----: (Ex 32:24) donné; je l'ai ----- au feu, et il: (Pro 7:4) ma soeur! Et appelle l'intelligence ton -----: **3:** (Gen 19:2) nous passerons la nuit dans la -----: (Gen 23:4) enterrer mon mort et l'----- de devant moi: (Gen 25:6) Il fit des ----- aux fils de ses concubines: **4:** (Ps 22:31) On parlera du Seigneur à la génération -----: (Gen 5:29) pénible de nos -----, provenant de cette terre: **5:** (Ex 31:2) Betsaleel, fils d'-----, fils de Hur: (2Sa 20:26) et ----- de Jaïr était ministre d'Etat: **6:** (Deu 12:2) sur les collines, et sous tout arbre -----: (1Ch 12:38) était également ----- pour faire régner David: **7:** (Nom 31:8) tous les autres, -----, Rékem, Tsur, Hur: (Gen 16:12) Il sera comme un ----- sauvage; sa main sera: (Ex 24:7) l'alliance, et le ----- en présence du peuple: **8:** (Lam 2:7) de Sion; Les cris ont ----- dans la maison: (Gen 2:24) son père et sa -----, et s'attachera: **9:** (Gen 11:27) Abram, Nachor et Haran.- Haran engendra -----: (Gen 47:22) qu'il y avait une ----- de Pharaon en faveur: **10:** (Job 31:39) sans l'avoir -----, Et que j'aie attristé: (Gen 36:21) Dischon, -----, et Dischan. Ce sont là: **11:** (Deu 14:5) cerf, la gazelle et le -----; le bouquetin: (Ex 28:36) Tu feras une ----- d'or pur, et tu y graveras: (Gen 10:22) Elam, Assur, Arpacschad, ----- et Aram: **12:** (2Ch 26:7) Dieu l'----- contre les Philistins: (Jos 15:21) d'Edom, étaient:Kabtseel, -----, Jagur: (Gen 18:21) je verrai s'ils ont ----- entièrement: **13:** (Gen 6:1) la terre, et que des filles leur furent -----: (Gen 37:34) il mit un ----- sur ses reins, et il porta: (Gen 2:8) de l'orient, et il y ----- l'homme qu'il avait

VERTICALEMENT A: (2R 9:27) à la montée de -----, près de Jibleam: (Job 25:6) qui n'est qu'un -----, Le fils de l'homme: (Gen 14:14) et il poursuivit les rois jusqu'à -----: **B:** (Job 6:6) a-t-il de la saveur dans le blanc d'un -----?: (Gen 3:20) à sa femme le nom d'-----:car elle a été la: (2R 4:7) Va vendre l'huile, et ----- ta dette; et tu: **C:** (Ex 25:4) teintes en -----, en pourpre, en cramoisi: (Gen 17:17) sur sa face; il -----, et dit en son coeur: (2R 15:19) pour qu'il ----- à affermir la royauté: **D:** (2R 18:36) Le peuple se -----, et ne lui répondit pas: (Act 13:8) Mais -----, le magicien,-car c'est: **E:** (Gen 1:5) et il y eut un matin:ce fut le premier -----: (Gen 5:29) lui donna le nom de -----, en disant:Celui-ci: **F:** (Os 7:4) le feu Depuis qu'il a ----- la pâte jusqu'à: (Deu 22:10) point avec un boeuf et un âne ----- ensemble: **G:** (Gen 23:8) mon mort et que je l'----- de devant mes yeux: (És 19:24) sera, lui troisième, ----- à l'Egypte: (Gen 4:19) nom de l'une était -----, et le nom de l'autre: **H:** (Ru 3:18) point de repos qu'il n'ait ----- cette affaire: (Gen 4:18) Metuschaël, et Metuschaël engendra -----: **I:** (1Ch 7:38) Fils de Jéther:Jephunné, Pispa et -----: (Gen 23:4) enterrer mon mort et l'----- de devant moi: **J:** (Gen 25:2) Jokschan, Medan, -----, Jischbak et Schuach: (Gen 16:5) sur toi. J'ai ----- ma servante dans ton sein: **K:** (1R 22:26) et emmène-le vers -----, chef de la ville: (Jér 47:4) Philistins, Les restes de l'----- de Caphtor: (Gen 10:22) de Sem furent:-----, Assur, Arpacschad, Lud: **L:** (Ru 3:3) Lave-toi et ------toi, puis remets tes habits: (Lév 14:37) paraissant plus enfoncées que le -----: (Ps 74:4) adversaires ont ----- au milieu de ton temple: **M:** (Gen 14:14) braves serviteurs, ----- dans sa maison: (Gen 8:22) et la chaleur, l'----- et l'hiver: (Gen 1:3) Dieu -----:Que la lumière soit! Et la lumière

Mots croisés N° 36

HORIZONTALEMENT 1: (Gen 30:37) et de platane; il y ----- des bandes blanches: (Gen 14:14) et il poursuivit les rois jusqu'à -----: (Mat 1:7) Roboam engendra -----; Abia engendra Asa: **2:** (Dan 8:2) vision, je me trouvais près du fleuve d'-----: (1Ch 7:7) Jerimoth et -----, cinq chefs des maisons: (Gen 1:10) l'amas des eaux -----. Dieu vit que cela: **3:** (1Sa 16:23) alors plus à l'----- et se trouvait soulagé: (Joë 3:12) Car là je ----- pour juger toutes les nations: **4:** (Jér 22:3) et la veuve; n'----- pas de violence: (Job 33:4) créé, Et le souffle du Tout-Puissant m'-----: **5:** (Gen 26:10) as fait? Peu s'en est ----- que quelqu'un: (2Ch 26:7) Dieu l'----- contre les Philistins: **6:** (Esd 2:57) fils de Pokéreth-Hatsebaïm, les fils d'-----: (1R 6:12) ordonnances, si tu observes et ----- tous: (Gen 10:5) été peuplées les ----- des nations selon leurs: **7:** (Job 28:18) Le ----- et le cristal ne sont rien: (Jos 22:17) malgré la plaie qu'il ----- sur l'assemblée: **8:** (1Ch 2:27) de Jerachmeel, furent:Maats, Jamin et -----: (Jug 18:7) ils arrivèrent à -----. Ils virent le peuple: (Gen 46:16) Haggi, Schuni, Etsbon, -----, Arodi et Areéli: **9:** (Jug 2:13) et ils servirent ----- et les Astartés: (Gen 7:4) de la terre tous les ----- que j'ai faits: **10:** (Mat 1:13) engendra -----; Abiud engendra Eliakim: (Ex 30:12) d'aucune plaie ----- de ce dénombrement: **11:** (Act 15:22) Jude appelé ----- et Silas, hommes considérés: (1R 4:14) Achinadah, fils d'-----, à Mahanaïm: **12:** (2Sa 8:18) les fils de David étaient ministres d'-----: (Jug 14:20) de ses compagnons, avec lequel il était -----: (Gen 24:14) et qui répondra:-----, et je donnerai aussi: **13:** (Jos 8:35) que Josué ne ----- en présence: (Gen 8:22) et la chaleur, l'----- et l'hiver: (Esd 2:50) les fils d'   , les fils de Mehunim

VERTICALEMENT A: (Ex 1:15) nommées l'une Schiphra, et l'autre -----: (Gen 3:8) loin de la ----- de l'Éternel Dieu, au milieu: (Gen 4:2) encore son frère -----. Abel fut berger: **B:** (1Sa 1:3) les deux fils d'-----, Hophni et Phinées: (Néh 12:7) Sallu, -----, Hilkija, Jedaeja. Ce furent là: (Deu 20:5) Qui est-ce qui a ----- une maison neuve: **C:** (Deu 25:18) pendant que tu étais ----- et épuisé toi-même: (Deu 17:19) avec lui et y ----- tous les jours de sa vie: (Gen 15:15) Toi, tu ----- en paix vers tes pères: **D:** (2Ti 1:5) d'abord dans ton ----- Loïs et dans ta mère: (Gen 2:5) et les cieux, aucun ----- des champs n'était: **E:** (Nom 13:11) la tribu de Manassé:Gaddi, fils de -----: (Gen 4:19) nom de l'une était -----, et le nom de l'autre: **F:** (Deu 9:28) nous as fait sortir ne -----: (1Ch 7:39) Fils d'-----:Arach, Hanniel et Ritsja: (Gen 27:28) de la terre, Du ----- et du vin en abondance!: **G:** (Est 9:9) Parmaschtha, -----, Aridaï et Vajezatha: (Gen 35:18) Et comme elle ----- rendre l'âme: **H:** (1Jn 2:22) l'Antéchrist, qui ----- le Père et le Fils: (Ru 4:17) Obed. Ce fut le père d'----- père de David: (2R 15:30) -----, fils d'Ela, forma une conspiration: **I:** (Gen 30:11) bonheur! Et elle l'appela du nom de -----: (Jos 19:35) étaient:Tsiddim, -----, Hammath, Rakkath: **J:** (Gen 38:25) Comme on l'----- dehors, elle fit dire à son: (2Sa 9:2) de Saül, nommé -----, que l'on fit venir: **K:** (1Ch 7:36) Suach, Harnépher, Schual, -----, Jimra: (Gen 37:7) Nous étions à ----- des gerbes au milieu: (Ex 23:27) ferai tourner le ----- devant toi à tous: **L:** (Gen 36:43) Magdiel, le chef -----. Ce sont là les chefs: (Ps 55:3) et réponds-moi! J'----- çà et là: (Esd 4:9) ceux de -----, d'Arpharsathac, de Tharpel: **M:** (Act 2:9) la Judée, la Cappadoce, le Pont, l'-----: (Gen 4:9) Abel? Il répondit:Je ne ----- pas; suis-je le: (2Sa 3:11) Isch-Boscheth n'----- pas répliquer un seul

Mots croisés N° 37

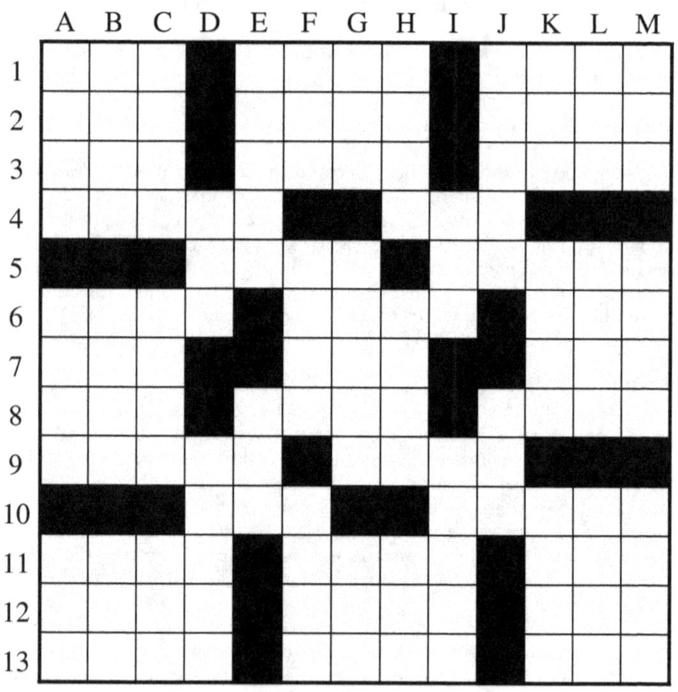

HORIZONTALEMENT 1: (Gen 14:23) est à toi, pas même un -----, ni un cordon: (Gen 10:22) de Sem furent:-----, Assur, Arpacschad, Lud: (Gen 10:7) fils de Cusch:-----, Havila, Sabta, Raema: **2:** (Ex 31:2) Betsaleel, fils d'-----, fils de Hur: (Nom 32:3) Nimra, Hesbon, Elealé, Sebam, ----- et Beon: (Ex 16:16) sa nourriture, un ----- par tête, suivant le: **3:** (Pro 23:34) un homme couché sur le sommet d'un -----: (Pro 11:12) Mais l'homme qui a de l'intelligence se -----: (1Ch 4:21) de Juda:Er, père de -----, Laeda: **4:** (Job 16:18) Et que mes cris prennent librement leur -----!: (Nom 34:4) elle tournera au ----- de la montée: **5:** (Ecc 12:8) se brise, que le ----- se rompe sur la source: (Deu 33:3) main. Ils se sont ----- à tes pieds: **6:** (Ru 1:19) toute la ville fut ----- à cause d'elles: (Gen 2:10) et de là il se divisait en quatre -----: (Jér 47:4) Philistins, Les restes de l'----- de Caphtor: **7:** (Gen 14:14) et il poursuivit les rois jusqu'à -----: (Ps 59:9) Éternel, tu te ----- d'eux, Tu te moques: (1Sa 1:3) les deux fils d'-----, Hophni et Phinées: **8:** (Gen 46:16) Haggi, Schuni, Etsbon, -----, Arodi et Areéli: (Gen 2:9) l'arbre de la connaissance du ----- et du mal: (Nom 26:36) fils de Schutélach:d'----- est descendue la: **9:** (Jér 46:16) peuple, Dans notre pays -----, Loin du glaive: (Nom 3:24) Guerschonites était Eliasaph, fils de -----: **10:** (1R 1:8) Schimeï, -----, et les vaillants hommes: (Job 11:18) ne sera pas -----; Tu regarderas autour: **11:** (Jos 11:21) de Debir, d'-----, de toute la montagne: (Gen 29:34) C'est pourquoi on lui donna le nom de -----: (Lév 14:10) pétrie à l'huile, et un ----- d'huile: **12:** (Gen 30:32) et tout agneau -----, et parmi les chèvres: (Ps 77:19)le monde; La terre s'----- et trembla: (Nom 11:5) des poireaux, des oignons et des -----: **13:** (1Sa 14:4) le nom de Botsets et l'autre celui de -----: (Esd 4:9) de Babylone, de -----, de Déha, d'Elam: (2Sa 20:26) et ----- de Jaïr était ministre d'Etat

VERTICALEMENT A: (Mat 12:20) le lumignon qui -----, Jusqu'à ce qu'il ait: (Gen 2:8) un jardin en -----, du côté de l'orient: (Gen 5:3) de cent trente -----, engendra un fils: **B:** (Gen 15:15) Toi, tu ----- en paix vers tes pères: (Ex 15:23) C'est pourquoi ce lieu fut appelé -----: (Gen 5:29) lui donna le nom de -----, en disant:Celui-ci: **C:** (2Sa 17:28) apportèrent des -----, des bassins,des vases: (És 62:5) un jeune homme s'----- à une vierge: (Nom 34:11) Ribla, à l'orient d'-----; elle descendra: **D:** (1Sa 25:17) et il est si méchant qu'on ----- lui parler: (Gen 1:29) ayant en lui du fruit d'----- et portant: **E:** (Gen 39:11) Un jour qu'il était ----- dans la maison: (Gen 27:28) de la terre, Du ----- et du vin en abondance!: **F:** (Gen 29:16) s'appelait -----, et la cadette Rachel: (Jug 6:11) pressoir, pour le mettre à l'----- de Madian: (Gen 10:5) été peuplées les ----- des nations selon leurs: **G:** (2R 18:2) Sa mère s'appelait -----, fille de Zacharie: (1Ch 6:24) son fils; -----, son fils; Ozias, son fils: (Joë 2:18) L'Éternel est ----- de jalousie pour son pays: **H:** (Gen 11:1) avait une seule langue et les mêmes -----: (Esd 2:50) les fils d'-----, les fils de Mehunim: (Ex 3:16) a dit:Je vous ai -----, et j'ai vu: **I:** (Gen 10:23) Les fils d'Aram:-----, Hul, Guéter et Masch: (Pro 4:15) ------la, n'y passe point; Détourne-t'en: **J:** (2Sa 10:6) enrôler à leur ----- vingt mille hommes: (Gen 36:41) chef Oholibama, le chef -----, le chef Pinon: **K:** (Gen 2:7) de vie et l'homme devint une ----- vivante: (Act 4:16) par eux, et nous ne pouvons pas le -----: (1Ch 11:29) Sibbecaï, le Huschatite. -----, d'Achoach: **L:** (Gen 8:11) était dans son -----. Noé connut ainsi: (1Ch 7:39) Fils d'-----:Arach, Hanniel et Ritsja: (Gen 30:32) et tout agneau -----, et parmi les chèvres: **M:** (1Ch 7:38) Fils de Jéther:Jephunné, Pispa et -----: (Gen 16:5) servante dans ton -----; et, quand elle a vu: (2Sa 3:5) Jithream, d'-----, femme de David. Ce sont là

Mots croisés N° 38

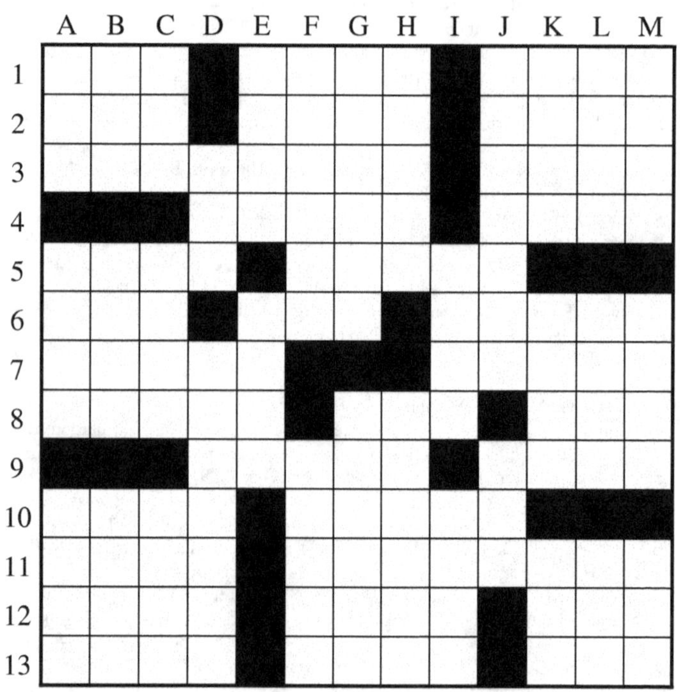

HORIZONTALEMENT 1: (Gen 2:7) de vie et l'homme devint une ----- vivante: (Gen 18:7) à un serviteur, qui se ----- de l'apprêter: (Ex 12:34) Le peuple emporta sa ----- avant qu'elle soit: **2:** (Gen 2:11) Le ----- du premier est Pischon; c'est celui: (1Ch 6:73) et sa banlieue, et ----- et sa banlieue: (Gen 49:9) couche comme un -----, Comme une lionne:qui: **3:** (Jér 9:5) langue à mentir, Ils s'----- à faire le mal.: (Pro 7:4) ma soeur! Et appelle l'intelligence ton -----: **4:** (Gen 36:16) Ce sont là les chefs ----- d'Eliphaz: (Gen 3:15) t'écrasera la -----, et tu lui blesseras le: **5:** (Nom 24:8) brise leurs os, et les ----- de ses flèches: (Jug 3:26) dépassa les carrières, et se sauva à -----: **6:** (Lév 14:10) pétrie à l'huile, et un ----- d'huile: (Gen 14:14) braves serviteurs, ----- dans sa maison: (Lév 10:4) fils d'Uziel, ----- d'Aaron, et il leur dit: **7:** (Nom 30:4) à l'Éternel et se ----- par un engagement: (Jos 23:7) Ne vous ----- point avec ces nations: **8:** (Gen 10:11) De ce pays-là sortit -----; il bâtit Ninive: (Gen 3:20) à sa femme le nom d'-----:car elle a été la: (Gen 3:20) à sa femme le nom d'-----:car elle a été la: **9:** (Deu 4:16) de quelque -----, la figure d'un homme: (Gen 30:13) heureuse. Et elle l'appela du nom d'-----: **10:** (Ti 3:5) par le ----- de la régénération: (Gen 36:41) le chef Oholibama, le chef Ela, le chef -----: **11:** (1Sa 1:2) des enfants, mais ----- n'en avait point: (Nom 21:28) Ar-Moab, Les habitants des ----- de l'Arnon: **12:** (1R 21:2) à Naboth:------moi ta vigne, pour que j'en: (2Sa 13:33) donc point dans l'----- que tous les fils: (Néh 7:47) Kéros, les fils de -----, les fils de Padon: **13:** (Gen 9:5) le sang de vos -----, je le redemanderai: (Mi 1:16) ------toi, coupe ta chevelure: (Esd 4:10) et autres lieux de ce côté du fleuve, -----

VERTICALEMENT A: (Gen 16:12) Il sera comme un ----- sauvage; sa main sera: (Gen 16:4) Il ----- vers Agar, et elle devint enceinte: (Ps 84:7) la vallée de -----, Ils la transforment: **B:** (Jos 6:10) et il ne sortira pas un ----- de votre bouche: (Gen 24:14) et qui répondra:-----, et je donnerai aussi: (1Ch 6:73) et sa banlieue, et ----- et sa banlieue: **C:** (Joë 2:18) L'Éternel est ----- de jalousie pour son pays: (Lév 9:3) un veau et un agneau, ----- d'un an: (Est 1:1) régnait depuis l'----- jusqu'en Ethiopie: **D:** (Gen 1:3) Dieu -----:Que la lumière soit! Et la lumière: (És 5:17) dévoreront les possessions ----- des riches: **E:** (2Sa 19:6) te haïssent et tu ----- ceux qui t'aiment: (Can 1:12) son entourage, Mon ----- ex hale son parfum: **F:** (Gen 49:11) le petit de son -----; Il lave dans le vin: (Gen 10:29) -----, Havila et Jobab. Tous ceux-là furent: **G:** (Dan 12:9) ces paroles seront ----- secrètes et scellées: (2Sa 5:16) Elischama, ----- et Eliphéleth: **H:** (1Ch 6:46) fils d'-----, fils de Bani, fils de Schémer: (Job 30:26) la lumière, et les ténèbres sont -----: **I:** (Act 2:10) qui sont venus de -----, Juifs et prosélytes: (Gen 31:16) que Dieu a ----- à notre père appartient: **J:** (Gen 30:37) d'amandier et de -----; il y pela des bandes: (Gen 16:12) Il sera comme un ----- sauvage; sa main sera: **K:** (Deu 4:37) Il a ----- tes pères, et il a choisi leur: (Mat 16:19) Je te donnerai les ----- du royaume des cieux: (Gen 24:12) ce que je désire, et ----- de bonté envers: **L:** (Gen 19:8) puisqu'ils sont venus à l'ombre de mon -----: (Gen 13:14) fut séparé de lui:----- les yeux, et, du lieu: (Gen 17:17) sur sa face; il -----, et dit en son coeur: **M:** (Act 9:33) un homme nommé -----, couché sur un lit depuis: (1Ch 4:4) père de Guedor, et ----- père de Huscha: (Gen 37:34) il mit un ----- sur ses reins, et il porta

Mots croisés N° 39

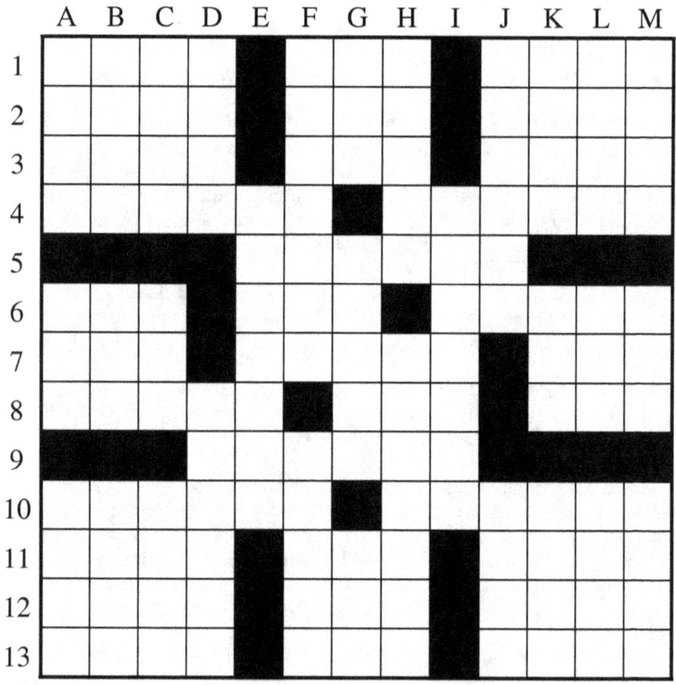

HORIZONTALEMENT 1: (Job 20:16) Il a ----- du venin d'aspic, La langue: (Gen 3:20) à sa femme le nom d'-----:car elle a été la: (2Ch 26:14) des cuirasses, des ----- et des frondes: **2:** (Mat 21:2) attachée, et un ----- avec elle; détachez-les: (Ex 24:7) l'alliance, et le ----- en présence du peuple: (Gen 27:11) mon frère, est -----, et je n'ai point: **3:** (Gen 21:6) de rire; quiconque l'apprendra ----- de moi: (2Sa 3:11) Isch-Boscheth n'----- pas répliquer un seul: (1Ch 5:13) Schéba, Joraï, Jaecan, Zia et -----, sept: **4:** (Nom 34:4) par Hatsar-Addar, et passera vers -----: (Deu 14:5) le chevreuil, la chèvre sauvage et la -----: **5:** (Gen 9:23) le manteau, le ----- sur leurs épaules: **6:** (Gen 14:14) et il poursuivit les rois jusqu'à -----: (Gen 8:22) et la chaleur, l'----- et l'hiver: (1R 22:8) Michée, fils de -----. Et Josaphat dit:Que le: **7:** (1Ch 8:12) qui bâtit -----, Lod et les villes: (Ps 31:5) qu'ils m'ont -----; Car tu es mon protecteur: (Jug 8:18) toi, chacun avait l'----- d'un fils de roi: **8:** (1Sa 12:21) des choses de -----, qui n'apportent ni profit: (Ex 23:27) ferai tourner le ----- devant toi à tous: (Gen 29:16) s'appelait -----, et la cadette Rachel: **9:** (Gen 13:2) très riche en troupeaux, en ----- et en or: **10:** (Gen 22:9) y éleva un autel, et ----- le bois. Il lia: (Jos 15:43) Jiphtach, Aschna, -----: **11:** (Ru 1:19) toute la ville fut ----- à cause d'elles: (Néh 3:1) la tour de ----- jusqu'à la tour de Hananeel: (2Sa 8:1) des Philistins les ----- de leur capitale: **12:** (Gen 28:20) Jacob fit un -----, en disant:Si Dieu: (Ex 31:2) Betsaleel, fils d'-----, fils de Hur: (Ps 93:3) fleuves élèvent leurs ----- retentissantes: **13:** (1Ch 2:27) de Jerachmeel, furent:Maats, Jamin et -----: (1R 7:19) figuraient des ----- et avaient quatre: (Gen 24:49) si vous voulez ----- de bienveillance

VERTICALEMENT A: (Gen 17:15) le nom de Saraï; mais son nom sera -----: (Gen 30:20) m'a fait un beau -----; cette fois, mon mari: (Gen 41:25) à Pharaon:Ce qu'a ----- Pharaon est une seule: **B:** (És 62:5) un jeune homme s'----- à une vierge: (Gen 16:12) Il sera comme un ----- sauvage; sa main sera: (Néh 12:7) Sallu, -----, Hilkija, Jedaeja. Ce furent là: **C:** (2Ch 15:14) joie, et au son des trompettes et des -----: (Nom 26:33) Machla, -----, Hogla, Milca et Thirsta: (Ex 13:21) une colonne de ----- pour les guider dans leur: **D:** (Jos 15:34) Zanoach, En-Gannim, Tappuach, -----: (És 25:11) mains, Comme le ----- les étend pour nager: **E:** (Luc 11:42) pratiquer, sans ----- les autres choses: **F:** (Nom 26:26) la famille des -----; de Jahleel, la famille: (1Ch 24:17) unième, à Jakin; le vingt-deuxième, à -----: **G:** (Ex 3:16) a dit:Je vous ai -----, et j'ai vu: (Gen 28:3) te bénisse, te ----- fécond et te multiplie: (Gen 46:16) Haggi, Schuni, Etsbon, -----, Arodi et Areéli: **H:** (Gen 6:16) tu construiras un ----- inférieur, un second: (Job 22:7) Tu ne ----- point d'eau à l'homme altéré: **I:** (Job 1:22) pécha point et n'attribua rien d'----- à Dieu: **J:** (Gen 31:27) et ne m'as-tu point -----? Je t'aurais laissé: (2R 12:9) coffre, perça un ----- dans son couvercle: **K:** (Nom 31:8) Tsur, Hur et -----, cinq rois de Madian: (Gen 2:9) de la connaissance du bien et du -----: (Deu 32:28) a perdu le bon -----, Et il n'y a point en eux: **L:** (Luc 11:52) vous avez enlevé la ----- de la science: (Jug 14:20) de ses compagnons, avec lequel il était -----: (Est 1:1) régnait depuis l'----- jusqu'en Ethiopie: **M:** (Héb 6:19) ancre de l'âme, ----- et solide; elle pénètre: (1Ch 7:38) Fils de Jéther:Jephunné, Pispa et -----: (Nom 21:16) à Beer. C'est ce -----, où l'Éternel dit

Mots croisés N° 40

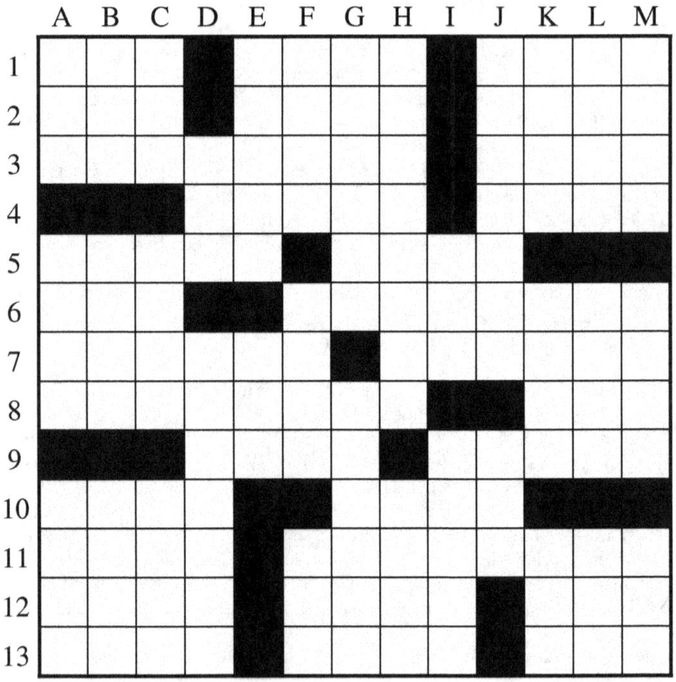

HORIZONTALEMENT 1: (Ex 30:25) de parfums selon l'----- du parfumeur: (Ex 32:24) donné; je l'ai ----- au feu, et il: (Jn 2:1) y eut des noces à ----- en Galilée. La mère: **2:** (Néh 7:47) Kéros, les fils de -----, les fils de Padon: (Gen 38:4) et enfanta un fils, qu'elle appela -----: (Gen 22:18) ta postérité, parce que tu as ----- à ma voix: **3:** (Gen 37:25) Ils s'----- ensuite pour manger. Ayant levé: (Gen 43:11) baume et un peu de -----, des aromates: **4:** (1Ch 4:21) Er, père de Léca, -----, père de Maréscha: (Ex 30:18) d'airain, avec sa ----- d'airain: **5:** (Luc 3:26) fils de -----, fils de Josech, fils de Joda: (Ru 4:17) Obed. Ce fut le père d'----- père de David: **6:** (1Ch 7:38) Fils de Jéther:Jephunné, Pispa et -----: (Jug 9:50) contre Thébets. Il ----- Thébets: **7:** (2Sa 20:9) il saisit la barbe d'Amasa pour le -----: (Ex 15:6) force; Ta droite, ô Éternel! a écrasé l'-----: **8:** (Rom 3:31) ------nous donc la loi par la foi? Loin de là!: (Ex 33:11) Josué, fils de -----, ne sortait pas du milieu: **9:** (Jug 20:34) Le combat fut -----, et les Benjamites ne: (Jos 16:3) de Beth-Horon la ----- et jusqu'à Guézer: **10:** (Nom 4:6) par-dessus un ----- entièrement d'étoffe: (Jug 6:11) pressoir, pour le mettre à l'----- de Madian: **11:** (Deu 4:32) et a-t-on jamais ----- chose semblable?: (Job 9:16) l'invoque, Je ne ----- pas qu'il ait écouté: **12:** (Ex 12:9) le mangerez point à ----- cuit et bouilli: (Ru 3:3) Lave-toi et ------toi, puis remets tes habits: (1Ch 4:15) fils de Jephunné:-----, Ela et Naam: **13:** (Mi 2:7) ------tu parler ainsi, maison de Jacob?: (Gen 41:14) de prison. Il se -----, changea de vêtements: (Gen 47:31) se prosterna sur le chevet de son -----

VERTICALEMENT A: (1R 15:8) ville de David. Et -----, son fils: (Gen 10:7) fils de Cusch:-----, Havila, Sabta, Raema: (Jug 10:1) de Pua, fils de -----, homme d'Issacar: **B:** (Ps 59:9) Éternel, tu te ----- d'eux, Tu te moques: (Nom 26:36) fils de Schutélach:d'----- est descendue la: (2Sa 1:20) nouvelle dans les ----- d'Askalon, De peur: **C:** (Lév 4:12) bois:c'est sur le ----- de cendres: (Gen 3:22) d'avancer sa -----, de prendre de l'arbre: (Deu 4:37) Il a ----- tes pères, et il a choisi leur: **D:** (Jér 47:4) Philistins, Les restes de l'----- de Caphtor: (Ex 22:2) Si le voleur est ----- dérobant: **E:** (1Ch 5:13) Schéba, -----, Jaecan, Zia et Eber, sept: (2Sa 21:6) à Guibea de Saül, l'----- de l'Éternel: **F:** (Act 9:33) un homme nommé -----, couché sur un lit depuis: (Nom 26:17) d'-----, la famille des Arodites; d'Areéli: (Ps 98:6) et au son du -----, Poussez des cris de joie: **G:** (Gen 25:6) concubines; et, ----- qu'il vivait encore: (1Ch 3:22) Jigueal, Bariach, ----- et Schaphath, six: **H:** (És 23:18) Ils ne seront ni ----- ni conservés: (Gen 2:9) à voir et ----- à manger, et l'arbre de la vie: **I:** (Nom 34:11) Ribla, à l'orient d'-----; elle descendra: (Ex 9:25) des champs, et ----- tous les arbres: **J:** (Deu 31:27) au milieu de vous, ----- plus le serez-vous: (Jug 8:18) toi, chacun avait l'----- d'un fils de roi: **K:** (Mat 1:7) Roboam engendra -----; Abia engendra Asa: (Gen 12:20) donna ordre à ses ----- de le renvoyer: (Nom 11:5) des poireaux, des oignons et des -----: **L:** (Gen 6:1) la terre, et que des filles leur furent -----: (Ps 77:17) elles ont tremblé; Les abîmes se sont -----: (1Ch 7:7) Jerimoth et -----, cinq chefs des maisons: **M:** (Ex 27:14) toiles pour une -----, avec trois colonnes: (Gen 10:21) les fils d'Héber, et frère de Japhet l'-----: (Gen 34:3) la jeune fille, et ----- parler à son coeur

Mots croisés N° 41

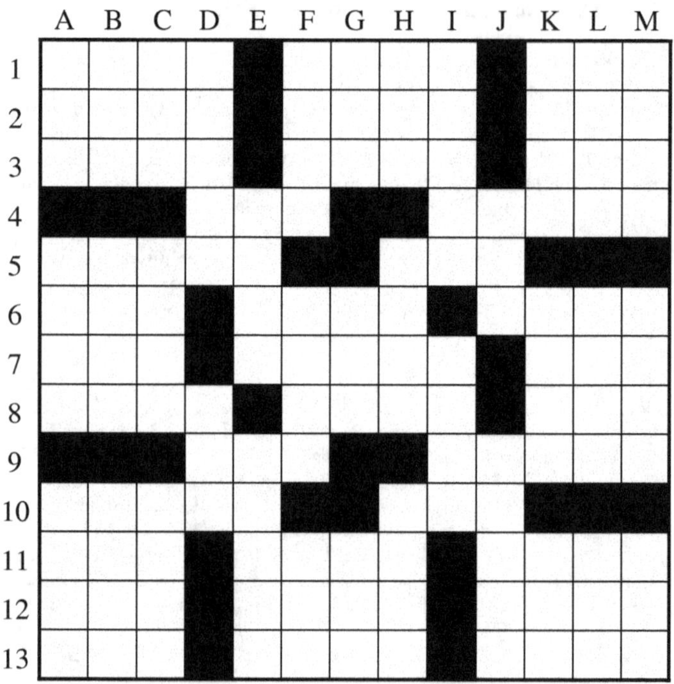

HORIZONTALEMENT 1: (Jug 3:28) s'emparèrent des ----- du Jourdain vis-à-vis: (Gen 14:13) et frère d'-----, qui avaient fait alliance: (És 19:24) sera, lui troisième, ----- à l'Egypte: **2:** (Gen 41:25) à Pharaon:Ce qu'a ----- Pharaon est une seule: (1Ch 7:36) Suach, Harnépher, Schual, -----, Jimra: (És 23:3) eaux, le blé du -----, La moisson du fleuve: **3:** (Ex 15:27) Ils arrivèrent à -----, où il y avait douze: (1R 7:33) jantes, leurs ----- et leurs moyeux, tout: (Gen 24:15) l'épaule, Rebecca, ----- de Bethuel: **4:** (Os 8:7) n'auront pas un ----- de blé; Ce qui poussera: (Ex 12:6) d'Israël l'immolera entre les deux -----: **5:** (1Sa 18:26) à David, et David -----: (1Sa 15:27) le saisit par le ----- de son manteau: **6:** (1Ch 7:7) Jerimoth et -----, cinq chefs des maisons: (Gen 44:28) car je ne l'ai pas ----- jusqu'à présent: (Gen 36:23) Alvan, Manahath, Ebal, Schepho et -----: **7:** (Pro 23:34) un homme couché sur le sommet d'un -----: (Gen 2:6) Mais une vapeur s'----- de la terre, et arrosa: (Gen 3:20) à sa femme le nom d'-----:car elle a été la: **8:** (Gen 26:20) il donna au puits le nom d'-----: (Gen 4:18) Hénoc engendra -----, Irad engendra Mehujaël: (1Ch 15:18) ordre:Zacharie, -----, Jaaziel, Schemiramoth: **9:** (Jér 47:4) Philistins, Les restes de l'----- de Caphtor: (És 28:21) Pour exécuter son travail, son travail -----: **10:** (Gen 27:27) s'approcha, et le -----. Isaac sentit l'odeur: (1Ch 8:12) qui bâtit -----, Lod et les villes: **11:** (Gen 5:3) de cent trente -----, engendra un fils: (Gen 28:20) Jacob fit un -----, en disant:Si Dieu: (1Ch 2:6) Ethan, Héman, Calcol et -----. En tout:cinq : **12:** (Gen 29:16) s'appelait -----, et la cadette Rachel: (Luc 3:25) fils de Nahum, fils d'-----, fils de Naggaï: (Jos 15:50) Anab, Eschthemo, -----: **13:** (Esd 2:57) fils de Pokéreth-Hatsebaïm, les fils d'-----: (Gen 14:6) dans leur montagne de -----, jusqu'au chêne: (Gen 37:20) nous dirons qu'une ----- féroce l'a dévoré

VERTICALEMENT A: (Deu 23:24) tu pourras à ton ----- manger des raisins: (Deu 4:37) Il a ----- tes pères, et il a choisi leur: (Jos 19:3) Hatsar-Schual, -----, Atsem: **B:** (Esd 10:34) des fils de Bani, Maadaï, Amram, -----: (Gen 41:5) Voici, sept épis ----- et beaux montèrent: (1Ch 6:73) et sa banlieue, et ----- et sa banlieue: **C:** (Nom 31:8) tous les autres, -----, Rékem, Tsur, Hur: (Act 15:1) circoncis selon le ----- de Moïse: (Ru 4:17) Obed. Ce fut le père d'----- père de David: **D:** (Lév 11:37) qui doit être -----, elle restera pure: (1Sa 9:1) Benjamin, nommé -----, fils d'Abiel: **E:** (Ps 32:9) et un mors, dont on les -----: (Jn 13:6) lui dit:Toi, Seigneur, tu me ----- les pieds!: **F:** (Jug 6:11) pressoir, pour le mettre à l'----- de Madian: (1R 17:1) -----, le Thischbite, l'un des habitants: (1Sa 25:17) et il est si méchant qu'on ----- lui parler: **G:** (Jos 19:13) à Rimmon, et se prolongeait jusqu'à -----: (Job 25:6) qui n'est qu'un -----, Le fils de l'homme: (1Sa 1:3) les deux fils d'-----, Hophni et Phinées: **H:** (Gen 46:16) Haggi, Schuni, Etsbon, -----, Arodi et Areéli: (Gen 46:13) Fils d'Issacar:Thola, -----, Job et Schimron: (Deu 4:32) et a-t-on jamais ----- chose semblable?: **I:** (Nom 33:21) Ils partirent de Libna, et campèrent à -----: (Esd 2:15) les fils d'-----, quatre cent: **J:** (1Ch 8:12) qui bâtit -----, Lod et les villes: (1Ch 5:19) Hagaréniens, à Jethur, à Naphisch et à -----: **K:** (1Ch 15:18) Jehiel, -----, Eliab, Benaja, Maaséja: (Nom 32:3) Nimra, Hesbon, Elealé, Sebam, ----- et Beon: (Gen 16:12) Il sera comme un ----- sauvage; sa main sera: **L:** (Act 4:16) par eux, et nous ne pouvons pas le -----: (Lév 5:5) de ces choses, fera l'----- de son péché: (Gen 17:17) sur sa face; il -----, et dit en son coeur: **M:** (Gen 10:5) été peuplées les ----- des nations selon leurs: (És 65:11) pour Gad, Et remplissez une coupe pour -----: (Gen 2:7) de vie et l'homme devint une ----- vivante

Mots croisés N° 42

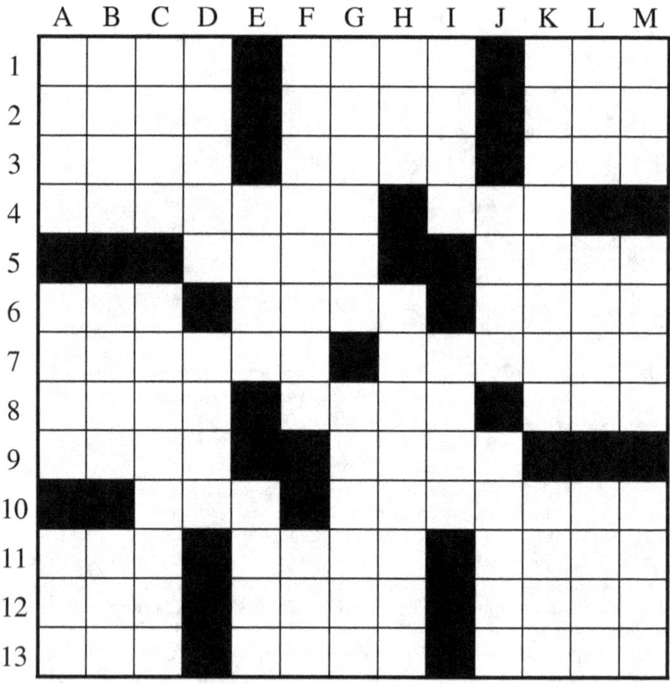

HORIZONTALEMENT 1: (Gen 16:4) Il ----- vers Agar, et elle devint enceinte: (1R 4:6) et Adoniram, fils d'-----, était préposé: (Ps 9 8:6) et au son du -----, Poussez des cris de joie: **2:** (Dan 11:18) Il tournera ses ----- du côté des îles: (Ps 119:36) vers tes préceptes, Et non vers le -----!: (Gen 8:13) séché sur la terre. Noé ----- la couverture: **3:** (És 25:6) pleins de moelle, De ----- vieux, clarifiés: (Act 15:1) circoncis selon le ----- de Moïse: (Ex 21:33) Si un homme ----- à découvert une citerne: **4:** (Jos 8:6) que nous les ayons ----- loin de la ville: (Gen 5:32) cinq cents ans, engendra -----, Cham et Japhet: **5:** (Nom 25:15) La femme qui fut -----, la Madianite: (Jos 18:25) Gabaon, -----, Beéroth: **6:** (Gen 40:9) songe, voici, il y avait un ----- devant moi: (Ps 55:3) et réponds-moi! J'----- çà et là: (1Ch 4:8) Kots engendra ----- et Hatsobéba: **7:** (1Ch 8:37) Rapha, son fils; -----, son fils; Atsel: (Gen 31:19) que Laban était allé ----- ses brebis, Rachel: **8:** (Gen 7:2) qui ne sont pas -----, le mâle et sa femelle: (Gen 15:15) Toi, tu ----- en paix vers tes pères: (Nom 11:5) des poireaux, des oignons et des -----: **9:** (Gen 16:5) servante dans ton -----; et, quand elle a vu: (Jug 9:26) Gaal, fils d'-----, vint avec ses frères: **10:** (Gen 37:34) il mit un ----- sur ses reins, et il porta: (2R 5:12) Les ----- de Damas, l'Abana et le Parpar: **11:** (Gen 14:14) braves serviteurs, ----- dans sa maison: (Jos 19 :25) passait par Helkath, -----, Bétlien, Acsclaph: (2Sa 8.1) des Philistins les ----- de leur capitale: **12:** (Gen 3:20) à sa femme le nom d'-----:car elle a été la: (Gen 17:17) cent ans? et Sara, ----- de quatre-vingt-dix: (Gen 26:34) et Basmath, fille d'-----, le Héthien: **13:** (Ps 59:9) Éternel, tu te ----- d'eux, Tu te moques: (Ps 140:6) Ils placent des ----- le long du chemin: (Esd 4:9) de Babylone, de -----, de Déha, d'Elam

VERTICALEMENT A: (2R 17:24) de Cutha, d'-----, de Hamath et de Sepharvaïm: (És 7:23) contiendra mille ----- de vigne, Valant mille: (1Sa 14:50) était Abner, fils de -----, oncle de Saül: **B:** (Jn 1:5) La lumière ----- dans les ténèbres: (1Pi 2:9) êtes une race -----, un sacerdoce royal: (Nom 31:8) tous les autres, -----, Rékem, Tsur, Hur: **C:** (Ex 34:6) et compatissant, ----- à la colère, riche: (Gen 19:15) de peur que tu ne ----- dans la ruine: **D:** (Gen 21:16) mon enfant! Elle s'----- donc vis-à-vis: (Esd 2:50) les fils d'-----, les fils de Mehunim: **E:** (2Sa 1:20) nouvelle dans les ----- d'Askalon, De peur: (Gen 41:43) fit monter sur le ----- qui suivait le sien: **F:** (Jér 14:12) je ne les ----- pas; Car je veux les détruire: (Gen 17:12) A l'----- de huit jours, tout mâle parmi vous: **G:** (2Sa 20:9) il saisit la barbe d'Amasa pour le -----: (Héb 1:3) Le Fils est le ----- de sa gloire: **H:** (Gen 1:3) Dieu -----:Que la lumière soit! Et la lumière: (Lév 5:10) d'après les règles -----. C'est ainsi que le: **I:** (Gen 12:16) des boeufs, des -----, des serviteurs: (2R 15:30) -----, fils d'Ela, forma une conspiration: **J:** (Nom 26:36) fils de Schutélach:d'----- est descendue la: (1R 14:6) Je suis chargé de t'annoncer des choses -----: **K:** (Deu 4:14) l'Éternel me ----- de vous enseigner des lois: (Gen 27:11) mon frère, est -----, et je n'ai point: **L:** (Gen 23:8) mon mort et que je l'----- de devant mes yeux: (Nom 17:8) produit des fleurs, et ----- des amandes: (Luc 3:38) fils d'-----, fils de Seth, fils d'Adam: **M:** (És 2:20) les adorer, Aux ----- et aux chauves-souris: (Gen 4:2) encore son frère -----. Abel fut berger: (1Sa 14:4) le nom de Botsets et l'autre celui de -----

Mots croisés N° 43

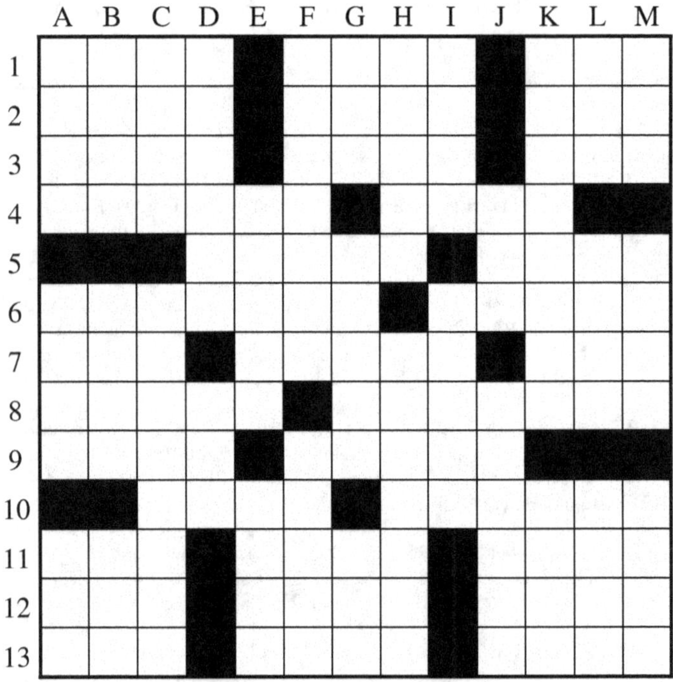

HORIZONTALEMENT 1: (Ex 5:1) célèbre au désert une ----- en mon honneur: (Nom 5:22) la cuisse! Et la femme nom dira:-----! Amen!: (1R 15:8) ville de David. Et -----, son fils: **2:** (Gen 36:28) Voici les fils de Dischan:Uts et -----: (Ex 28:4) un éphod, une -----, une tunique brodée: (Lév 14:37) paraissant plus enfoncées que le -----: **3:** (Gen 4:1) conçut, et enfanta ----- et elle dit:J'ai: (Gen 23:4) enterrer mon mort et l'----- de devant moi: (Gen 4:19) nom de l'une était -----, et le nom de l'autre: **4:** (Nom 24:4) de celui qui ----- les paroles de Dieu: (Ps 104:17) font leurs -----; La cigogne a sa demeure: **5:** (Ex 2:10) donna le nom de -----, car, dit-elle, je l'ai: (2R 15:30) -----, fils d'Ela, forma une conspiration: **6:** (Nom 26:44) Jischvites; de Beria, la famille des -----: (Nom 21:15) torrents, qui s'----- du côté d'Ar et touche: **7:** (Gen 16:12) Il sera comme un ----- sauvage; sa main sera: (Mar 13:34) laisse sa maison, ----- l'autorité: (Gen 14:1) de Kedorlaomer, ----- d'Elam, et de Tideal: **8:** (Jn 13:6) lui dit:Toi, Seigneur, tu me ----- les pieds!: (Act 14:15) en s'-----:O hommes, pourquoi agissez-vous: **9:** (Pro 27:7) qui a faim trouve doux tout ce qui est -----: (Gen 27:42) ton frère, veut ----- vengeance de toi: **10:** (Gen 21:6) de rire; quiconque l'apprendra ----- de moi: (Gen 32:28) tu seras appelé -----; car tu as lutté: **11:** (Nom 24:21) est solide, Et ton ----- posé sur le roc: (Ps 55:3) et réponds-moi! J'----- çà et là. (1Ch 9.4) fils d'Omri, fils d'-----, fils de Bani: **12:** (Gen 46:16) Haggi, Schuni, Etsbon, -----, Arodi et Areéli: (Gen 2:8) un jardin en -----, du côté de l'orient: (2Pi 2:13) plein jour; hommes ----- et souillés: **13:** (Gen 17:17) sur sa face; il -----, et dit en son coeur: (Gen 18:8) de la crème et du -----, avec le veau: (Gen 9:5) le sang de vos -----, je le redemanderai

VERTICALEMENT A: (Gen 3:8) loin de la ----- de l'Éternel Dieu, au milieu: (Jos 19:3) Hatsar-Schual, -----, Atsem: (1Sa 14:50) était Abner, fils de -----, oncle de Saül: **B:** (Nom 26:36) fils de Schutélach:d'----- est descendue la: (Jos 15:34) Zanoach, En-Gannim, Tappuach, -----: (1Ch 7:7) Jerimoth et -----, cinq chefs des maisons: **C:** (Pro 11:12) Mais l'homme qui a de l'intelligence se -----: (Job 14:9) Il ----- à l'approche de l'eau, Il pousse: **D:** (Ex 15:6) force; Ta droite, ô Éternel! a écrasé l'-----: (Gen 46:16) Haggi, Schuni, Etsbon, -----, Arodi et Areéli: **E:** (Job 3:5) au-dessus de lui, Et que de ----- phénomènes: (Act 12:9) par l'ange était -----, et s'imaginant avoir: **F:** (Nom 26:17) la famille des -----; d'Areéli, la famille: (Gen 34:19) Le jeune homme ne ----- pas à faire la chose: **G:** (Jos 6:10) et il ne sortira pas un ----- de votre bouche: (Luc 3:26) fils de -----, fils de Josech, fils de Joda: (1R 1:8) Schimeï, -----, et les vaillants hommes: **H:** (Éz 27:15) payait avec des cornes d'ivoire et de l'-----: (Ps 87:7) qui dansent s'-----:Toutes mes sources sont: **I:** (Luc 3:27) Zorobabel, fils de Salathiel, fils de -----: (Gen 7:4) de la terre tous les ----- que j'ai faits: **J:** (Gen 34:12) Exigez de moi une forte ----- et beaucoup: (Gen 31:36) Jacob s'-----, et querella Laban. Il reprit la: **K:** (Dan 11:2) Le quatrième ----- plus de richesses: (Jos 15:26) -----, Schema, Molada: **L:** (Nom 34:4) elle tournera au ----- de la montée: (Jn 3:23) aussi baptisait à -----, près de Salim: (Ps 55:3) et réponds-moi! J'----- çà et là: **M:** (1Ch 7:38) Fils de Jéther:Jephunné, Pispa et -----: (Est 1:20) L'----- du roi sera connu dans tout: (2Sa 21:2) d'Israël s'étaient ----- envers eux par

Mots croisés N° 44

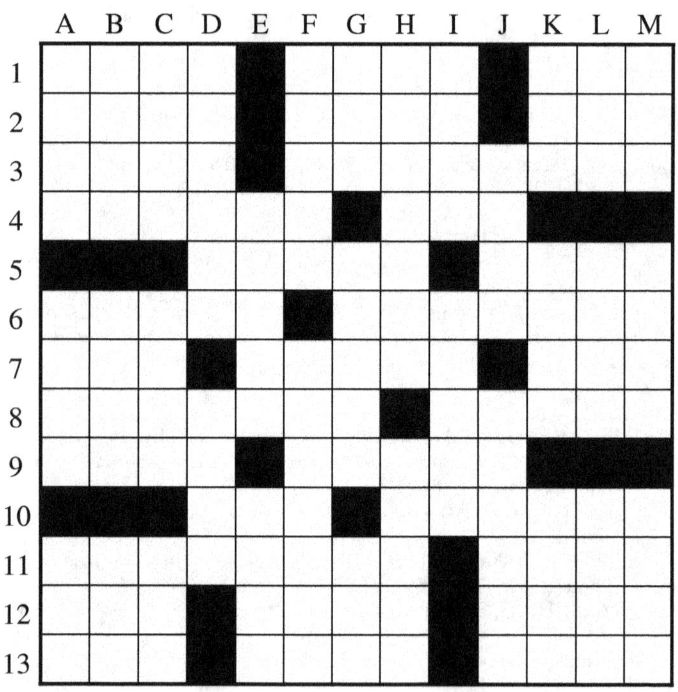

HORIZONTALEMENT 1: (Gen 13:14) fut séparé de lui:----- les yeux, et, du lieu: (Jér 39:3) chef des -----, et tous les autres chefs: (Gen 10:23) Les fils d'Aram:-----, Hul, Guéter et Masch: **2:** (Act 8:40) se trouva dans -----, d'où il alla: (Gen 2:8) un jardin en -----, du côté de l'orient: (Mat 10:29) pour un -----? Cependant, il n'en tombe pas: **3:** (Esd 9:2) leurs fils, et ont ----- la race sainte: (Pro 25:17) Mets ----- le pied dans la maison de ton: **4:** (Jug 20:33) d'Israël s'----- du lieu où elle: (Néh 3:1) la tour de ----- jusqu'à la tour de Hananeel: **5:** (Éz 6:14) désolé Que le désert de -----, Partout: (Jos 18:25) Gabaon, -----, Beéroth: **6:** (Jos 19:18) limite passait par Jizreel, Kesulloth, -----: (Ex 23:5) à le décharger, tu l'----- à le décharger: **7:** (Gen 36:41) chef Oholibama, le chef -----, le chef Pinon: (Ex 14:7) six cent chars d'-----, et tous les chars: (Gen 1:10) des eaux mers. Dieu vit que cela était -----: **8:** (Ex 1:11) et de Ramsès, pour servir de ----- à Pharaon: (Ru 2:17) Elle ----- dans le champ jusqu'au soir: **9:** (Nom 5:22) la cuisse! Et la femme nom dira:-----! Amen!: (Jos 13:4) des Cananéens, et ----- qui est aux Sidoniens: **10:** (Os 8:7) n'auront pas un ----- de blé; Ce qui poussera: (Ex 35:25) ouvrage, des fils ----- en bleu, en pourpre: **11:** (Jos 24:11) Vous ----- le Jourdain, et vous arrivâtes: (Ecc 12:8) se brise, que le ----- se rompe sur la source: **12:** (És 19:24) sera, lui troisième, ----- à l'Egypte: (Gen 11:25) à Pharaon:Ce qu'a ----- Pharaon est une seule: (Gen 27:25) Isaac dit:------moi, et que je mange: **13:** (Gen 29:16) s'appelait -----, et la cadette Rachel: (Ex 28:30) du jugement l'-----et le thummim: (Act 2:9) la Judée, la Cappadoce, le Pont, l'-----

VERTICALEMENT A: (Ex 28:36) Tu feras une ----- d'or pur, et tu y graveras: (Gen 26:12) Isaac ----- dans ce pays, et il recueillit: (2R 15:19) -----, roi d'Assyrie, vint dans le pays: **B:** (1Sa 20:19) et tu resteras près de la pierre d'-----: (1Ch 7:16) Schéresch, et ses fils étaient ----- et Rékem: (Gen 16:12) Il sera comme un ----- sauvage; sa main sera: **C:** (És 6:6) l'un des séraphins ----- vers moi, tenant: (Act 27:42) que quelqu'un d'eux ne s'échappe à la -----: (Néh 7:47) Kéros, les fils de -----, les fils de Padon: **D:** (Gen 9:27) Que Dieu ----- les possessions de Japhet: (Gen 12:16) des boeufs, des -----, des serviteurs: **E:** (2Sa 5:24) bruit de pas dans les ----- des mûriers: (Deu 34:10) Il n'a plus ----- en Israël de prophète: **F:** (1Sa 14:49) l'aînée -----, et la plus jeune Mical: (Deu 3:17) encore la plaine, ----- par le Jourdain: **G:** (Gen 4:19) nom de l'une était -----, et le nom de l'autre: (Lév 13:47) sur un vêtement de ----- ou sur un vêtement: (Nom 31:8) tous les autres, -----, Rékem, Tsur, Hur: **H:** (Gen 2:5) des champs ne ----- encore:car l'Éternel Dieu: (Jos 15:29) Baala, Ijjim, -----: **I:** (Act 9:33) un homme nommé -----, couché sur un lit depuis: (1Ch 22:5) à un haut ----- de renommée et de gloire: **J:** (És 25:10) la paille est foulée dans une ----- à fumier: (Gen 21:15) fut épuisée, elle ----- l'enfant sous: **K:** (Gen 24:12) ce que je désire, et ----- de bonté envers: (Jos 14:15) Kirjath-Arba:----- avait été l'homme le plus: (Gen 6:1) la terre, et que des filles leur furent -----: **L:** (Mar 1:40) il lui dit d'un ----- suppliant:Si tu le: (Jos 15:55) -----, Carmel, Ziph, Juta: (Joë 1:10) Le moût est -----, l'huile est desséchée: **M:** (Gen 34:3) la jeune fille, et ----- parler à son coeur: (Esd 2:50) les fils d'-----, les fils de Mehunim: (Esd 4:9) de Babylone, de -----, de Déha, d'Elam

Mots croisés N° 45

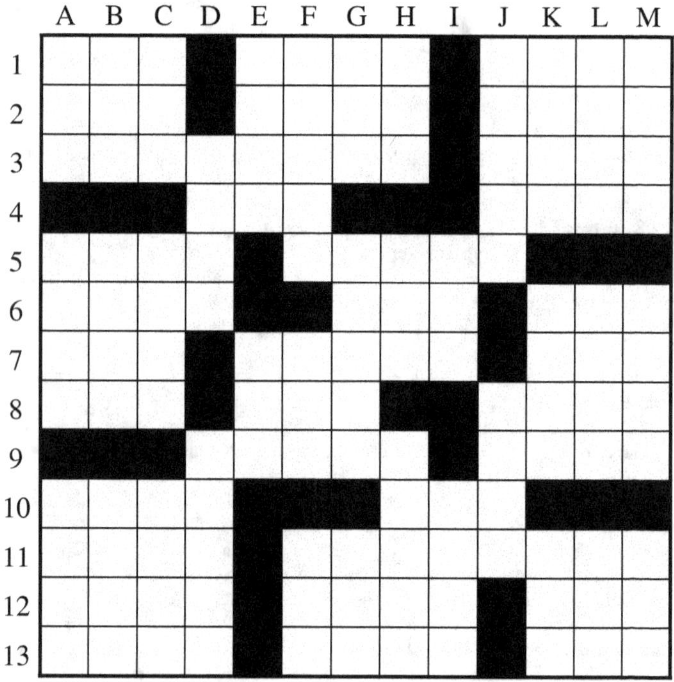

HORIZONTALEMENT 1: (Ex 29:40) et une libation d'un quart de ----- de vin: (Gen 8:9) la plante de son -----, et elle revint à lui: (Gen 9:5) le sang de vos -----, je le redemanderai: **2:** (Ex 31:2) Betsaleel, fils d'-----, fils de Hur: (Luc 3:25) fils de Nahum, fils d'-----, fils de Naggaï:(Jn 6:19) Après avoir ----- environ vingt-cinq ou trente: **3:** (Ps 73:16) j'ai réfléchi ----- pour m'éclairer, La: (Ex 7:18) s'efforceront en ----- de boire l'eau: **4:** (Gen 36:39) de sa ville était -----; et le nom de sa femme: (Deu 4:37) Il a ----- tes pères, et il a choisi leur: **5:** (Héb 6:19) ancre de l'âme, ----- et solide; elle pénètre: (Gen 46:14) Fils de Zabulon:-----, Elon et Jahleel: **6:** (Act 9:33) un homme nommé -----, couché sur un lit depuis: (Jos 6:10) et il ne sortira pas un ----- de votre bouche: (És 23:3) eaux, le blé du -----, La moisson du fleuve: **7:** (Gen 9:21) Il but du -----, s'enivra, et se découvrit: (Job 20:14) deviendra dans son corps un venin d'-----: (Gen 46:16) Haggi, Schuni, Etsbon, -----, Arodi et Areéli: **8:** (Gen 8:22) et la chaleur, l'----- et l'hiver: (Néh 3:1) la tour de ----- jusqu'à la tour de Hananeel: (Nom 24:8) brise leurs os, et les ----- de ses flèches: **9:** (Jos 21:35) ----- et sa banlieue, et Nahalal: (Gen 2:20) l'homme donna des ----- à tout le bétail: **10:** (1Ch 11:29) Sibbecaï, le Huschatite. -----, d'Achoach: (Gen 24:12) ce que je désire, et ----- de bonté envers: **11:** (Nom 2:17) chacun dans son -----, selon sa bannière: (Jug 9:56) Ainsi Dieu fit ----- sur Abimélec le mal: **12:** (Nom 5:22) la cuisse! Et la femme nom dira:-----! Amen!: (1Ch 11:29) Sibbecaï, le Huschatite. -----, d'Achoach: (Gen 36:41) chef Oholibama, le chef -----, le chef Pinon: **13:** (És 25:10) la paille est foulée dans une ----- à fumier: (Gen 18:8) mit devant eux. Il se ----- lui-même à leurs: (Gen 2:25) étaient tous deux -----, et ils n'en avaient

VERTICALEMENT A: (Gen 10:23) Les fils d'Aram:Uts, -----, Guéter et Masch: (Job 21:24) graisse Et la moelle des os remplie de -----: (Gen 36:43) Magdiel, le chef -----. Ce sont là les chefs: **B:** (2Sa 20:26) et ----- de Jaïr était ministre d'Etat: (És 62:5) un jeune homme s'----- à une vierge: (Mat 27:46) d'une voix forte:Eli, Eli, ----- sabachthani?: **C:** (Nom 24:21) est solide, Et ton ----- posé sur le roc: (2Sa 8:1) des Philistins les ----- de leur capitale: (Gen 14:13) et frère d'-----, qui avaient fait alliance: **D:** (Gen 3:24) qui agitent une ----- flamboyante, pour garder: (Ex 15:11) en sainteté, ----- de louanges, Opérant: **E:** (Gen 23:16) Ephron; et Abraham ----- à Ephron l'argent: (Esd 2:57) fils de Pokéreth-Hatsebaïm, les fils d'-----: **F:** (Gen 36:16) Ce sont là les chefs ----- d'Eliphaz: (Gen 5:32) cinq cents ans, engendra -----, Cham et Japhet: (Gen 17:17) sur sa face; il -----, et dit en son coeur: **G:** (2Sa 21:6) à Guibea de Saül, l'----- de l'Éternel: (Ex 28:16) sera d'un -----, et sa largeur d'un empan: (1Sa 1:3) les deux fils d'-----, Hophni et Phinées: **H:** (Gen 12:13) -----, je te prie, que tu es ma soeur: (Gen 14:1) de Kedorlaomer, ----- d'Elam, et de Tideal: (Can 4:16) aquilon! viens, -----! Soufflez: **I:** (Esd 4:10) et autres lieux de ce côté du fleuve, -----: seul; je lui ferai (Gen 2:18) une aide ----- à lui: **J:** (Éz 27:8) de Sidon et d'----- étaient tes rameurs: (1Ch 6:73) et sa banlieue, et ----- et sa banlieue **K:** (Néh 12:36) Guilalaï, -----, Nethaneel, Juda et Hanani: (Nom 32:3) Nimra, Hesbon, Elealé, Sebam, ----- et Beon: (1Ch 15:18) ordre:Zacharie, -----, Jaaziel, Schemiramoth: **L:** (Gen 14:5) Zuzim à Ham, les ----- à Schavé-Kirjathaïm: (Gen 36:43) Magdiel, le chef -----. Ce sont là les chefs: (2Sa 21:6) à Guibea de Saül, l'----- de l'Éternel: **M:** (1Sa 14:4) le nom de Botsets et l'autre celui de -----: (2Sa 17:28) apportèrent des -----, des bassins,des vases:(2Sa 11:11) campent en ----- campagne, et moi j'entrerais

Mots croisés N° 46

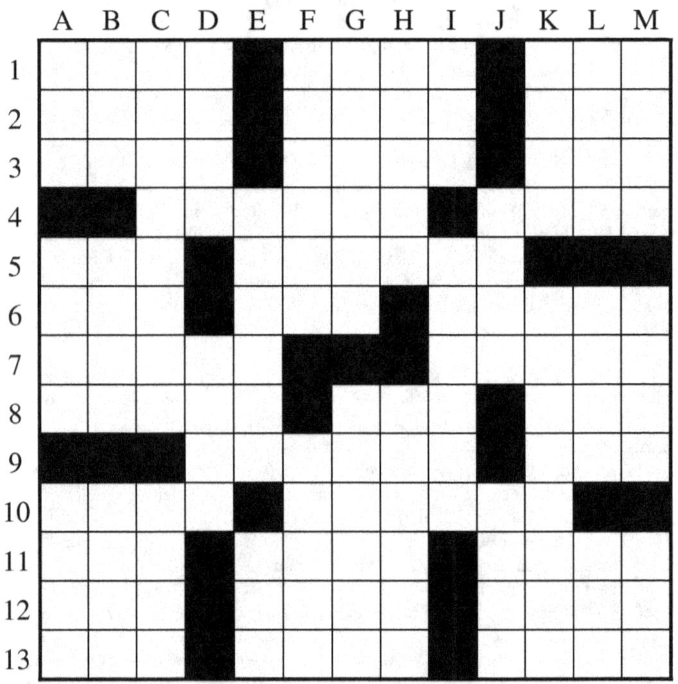

HORIZONTALEMENT 1: (Act 10:6) il est ----- chez un certain Simon, corroyeur: (Ex 12:9) le mangerez point à ----- cuit et bouilli: (1R 15:8) ville de David. Et -----, son fils: **2:** (Gen 24:49) si vous voulez ----- de bienveillance: (Esd 2:1) revinrent de l'-----, ceux que Nebucadnetsar: (Luc 5:1) trouvait auprès du ----- de Génésareth: **3:** (1Ch 1:30) Mischma, Duma, Massa, Hadad, -----: (Ex 16:33) à Aaron:Prends un -----, mets-y de la manne: (Jug 6:19) un panier et le ----- dans un pot: **4:** (Ps 64:7) conçu! La pensée -----, le coeur de chacun: (Luc 3:35) fils de Phalek, fils d'Eber, fils de -----: **5:** (1Sa 14:50) était Abner, fils de -----, oncle de Saül: (Gen 49:11) le petit de son -----; Il lave dans le vin: **6:** (1Ch 8:12) qui bâtit -----, Lod et les villes: (1Ch 15:18) ordre:Zacharie, -----, Jaaziel, Schemiramoth: (És 14:9) Le séjour des morts s'----- jusque: **7:** (2Sa 5:8) et atteindra le -----, quiconque frappera ces: (Ex 4:6) main était couverte de -----, blanche comme la: **8:** (Gen 39:11) Un jour qu'il était ----- dans la maison: (Gen 2:5) avait point d'homme pour cultiver le -----: (Ex 29:40) et une libation d'un quart de ----- de vin: **9:** (1Ti 3:1) Si quelqu'un ----- à la charge d'évêque: (Joë 2:18) L'Éternel est ----- de jalousie pour son pays: **10:** (Ps 119:36) vers tes préceptes, Et non vers le -----!: (1Ch 4:17) Fils d'-----:Jéther, Méred, Epher et Jalon: **11:** (Gen 46:21) Naaman, Ehi, Rosch, Muppim, Huppim et -----: (Gen 30:13) heureuse. Et elle l'appela du nom d'-----: (Dan 5:7) Quiconque ----- cette écriture et m'en donnera: **12:** (Gen 16:12) Il sera comme un ----- sauvage; sa main sera: (Gen 2:24) son père et sa -----, et s'attachera: (Dan 6:18) passa la nuit à -----, il ne fit point venir: **13:** (Jug 14:20) de ses compagnons, avec lequel il était -----: (Gen 15:15) Toi, tu ----- en paix vers tes pères: (Gen 12:16) des boeufs, des -----, des serviteurs

VERTICALEMENT A: (Ex 24:7) l'alliance, et le ----- en présence du peuple: (Mat 22:2) à un roi qui fit des ----- pour son fils: (Jug 9:26) -----, fils d'Ebed, vint avec ses frères: **B:** (1Sa 25:17) et il est si méchant qu'on ----- lui parler: (Nom 1:15) pour Nephthali:Ahira, fils d'-----: (Luc 3:33) d'Admin, fils d'-----, fils d'Esrom: **C:** (És 3:26) Les portes de Sion ----- et seront: (2Sa 13:33) donc point dans l'----- que tous les fils: **D:** (Nom 26:36) fils de Schutélach:d'----- est descendue la: (Gen 36:28) Voici les fils de Dischan:Uts et -----: **E:** (Ex 24:12) je te donnerai des ----- de pierre, la loi: (Esd 2:57) fils de Pokéreth-Hatsebaïm, les fils d'-----: **F:** (Mar 14:65) en lui disant:-----! Et les serviteurs le: (1Ch 22:3) telle qu'il n'était pas possible de le -----: **G:** (Lév 13:3) qui aura fait l'----- déclarera cet homme: (Jug 4:2) chef de son armée était -----, et habitait: **H:** (Gen 21:29) sept jeunes brebis, que tu as ----- à part?: (Gen 26:5) a observé mes -----, mes commandements: **I:** (Jér 47:4) Philistins, Les restes de l'----- de Caphtor: (2Sa 19:26) dit:Je ferai ----- mon âne, je le monterai: **J:** (Ex 23:16) de ce que tu auras ----- dans les champs: (1Ch 1:51) chef Thimna, le chef -----, le chef Jetheth: **K:** (1Ch 1:51) chef Thimna, le chef -----, le chef Jetheth: (Act 19:28) mirent à crier:Grande est la Diane des -----!: **L:** (Act 7:58) aux pieds d'un jeune homme nommé -----: (Ex 28:30) du jugement l'----- et le thummim: (Gen 19:2) nous passerons la nuit dans la -----: **M:** (Jos 15:16) donnerai ma fille ----- en mariage: (Gen 19:27) au lieu où il s'était ----- en présence: (Gen 5:3) de cent trente -----, engendra un fils

Mots croisés N° 47

HORIZONTALEMENT 1: (Gen 30:21) une fille, qu'elle appela du nom de
-----: (Nom 2:17) chacun dans son -----, selon sa bannière: (2Sa 21:6) à Guibea
de Saül, l'----- de l'Éternel: **2:** (Nom 10:9) dans votre pays, vous ----- à la guerre:
(Gen 30:13) heureuse. Et elle l'appela du nom d'-----: (1R 7:19) figuraient des
----- et avaient quatre: **3:** (Joë 1:10) Le moût est -----, l'huile est desséchée: (Gen
10:19) Guérar, jusqu'à -----, et du côté de S odome: (1S a 25:17) et il est si
méchant qu'on ----- lui parler: **4:** (Gen 8:22) et la chaleur, l'----- et l'hiver: (Ex
33:13) connaître tes -----; alors je te connaîtrai: **5:** (Lév 10:4) fils d'Uziel, -----
d'Aaron, et il leur dit: (Nom 34:11) Ribla, à l'orient d'-----; elle descendra: **6:**
(Gen 24:15) l'épaule, Rebecca, ----- de Bethuel: (Luc 3:27) Zorobabel, fils de
Salathiel, fils de -----: (Gen 10:28) -----, Abimaël, Séba: **7:** (Gen 46:21) Naaman,
Ehi, Rosch, Muppim, Huppim et -----: (2Co 3:12) espérance, nous ----- d'une
grande liberté: (Gen 18:21) je verrai s'ils ont ----- entièrement: **8:** (Act 4:16) par
eux, et nous ne pouvons pas le -----: (Nom 30:5) lequel elle s'est -----,- si son
père garde le: (Gen 4:15) que quiconque le trouverait ne le ----- point: **9:** (2R
18:2) S a mère s'appelait -----, fille de Zacharie: (Esd 2:16) les fils d'-----, de la
famille d'Ezéchias: **10:** (Nom 26:16) des Oznites; d'Eri, la famille des -----: (Ex
1:15) nommées l'une Schiphra, et l'autre -----: **11:** (Gen 2:9) de la connaissance
du bien et du -----: (Jos 21:4) On ----- le sort pour les familles: (Gen 41:14) de
prison. Il se -----, changea de vêtements: **12:** (Gen 24:12) ce que je désire, et
----- de bonté envers. (Mar 15:34) s'écria d'une voix forte.-----, Eloï, lama. (Gen
4:18) Hénoc engendra -----, Irad engendra Mehujaël: **13:** (Lév 4:12) bois:c'est
sur le ----- de cendres: (Nom 6:3) point de raisins frais ni de raisins -----: (Mat
5:22) dira à son frère:-----! mérite d'être puni

VERTICALEMENT A: (Gen 1:3) Dieu -----:Que la lumière soit! Et la
lumière: (Gen 38:4) et enfanta un fils, qu'elle appela -----: (Ps 77:19) le monde;
La terre s'----- et trembla: **B:** (2S a 20:26) et ----- de Jaïr était ministre d'Etat:
(Luc 3:27) Zorobabel, fils de Salathiel, fils de -----: (Gen 41:14) de prison. Il se
-----, changea de vêtements: **C:** (1Sa 14:50) était Abner, fils de -----, oncle de
S aül: (1R 21:2) à Naboth:------moi ta vigne, pour que j'en: (Gen 10:5) été
peuplées les ----- des nations selon leurs: **D:** (1Ch 15:20) Zacharie, -----,
S chemiramoth, Jehiel, Unni: (És 2:20) les adorer, Aux ----- et aux
chauves-souris: **E:** (Gen 19:27) au lieu où il s'était ----- en présence: (Gen 8:20)
prit de toutes les ----- pures et de tous: **F:** (Ps 78:49) La fureur, la ----- et la
détresse, Une troupe: (Luc 3:25) fils de Nahum, fils d'-----, fils de Naggaï: (Jér
47:4) Philistins, Les restes de l'----- de Caphtor: **G:** (1R 15:8) ville de David. Et
-----, son fils: (Gen 14:1) de Kedorlaomer, ----- d'Elam, et de Tideal: (Nom
24:21) est solide, Et ton nid posé sur le -----: **H:** (Gen 24:47) l'anneau à son
-----, et les bracelets: (Gen 10:21) les fils d'Héber, et frère de Japhet l'-----: (Mi
7:14) ----- ton peuple avec ta houlette, le troupeau: **I:** (2R 19:23) de mes chars,
J'ai ----- le sommet: (Ecc 12:8) se brise, que le ----- se rompe sur la source: **J:**
(1Ch 8:12) qui bâtit -----, Lod et les villes: (Jér 18:14) champs? Ou voit-on -----
les eaux qui viennent: **K:** (Mar 15:34) s'écria d'une voix forte:-----, Eloï, lama:
(És 5:10) produiront qu'un -----, Et un homer de semence: (1Ch 7:38) Fils de
Jéther:Jephunné, Pispa et -----: **L:** (Jos 8:35) que Josué ne ----- en présence: (2Sa
23:11) Schamma, fils d'-----, d'Harar: (Gen 37:34) il mit un ----- sur ses reins, et
il porta: **M:** (Deu 29:5) ne se sont point ----- sur toi, et ton soulier: (Gen 37:7)
Nous étions à ----- des gerbes au milieu: (Gen 4:19) nom de l'une était -----, et le
nom de l'autre

Mots croisés N° 48

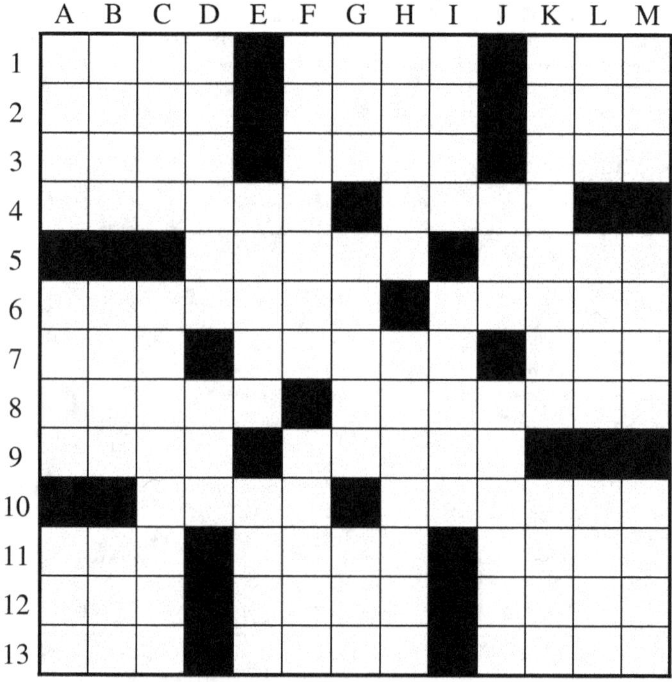

HORIZONTALEMENT 1: (Luc 7:11) une ville appelée -----; ses disciples: (Jos 15:34) Zanoach, En-Gannim, T'appuach, -----: (Gen 1:4) Dieu ----- que la lumière était bonne; et Dieu: **2:** (Ex 27:14) toiles pour une -----, avec trois colonnes: (1Ch 3:7) -----, Népheg, Japhia, Elischama: (1Ch 7:38) Fils de Jéther:Jephunné, Pispa et -----: **3:** (Esd 6:15) jour du mois d'-----, dans la sixième année: (Luc 3:27) Zorobabel, fils de Salathiel, fils de -----: (Gen 2:25) étaient tous deux -----, et ils n'en avaient: **4:** (Nom 13:20) s'il est gras ou -----, s'il y a des arbres: (Nom 1:15) pour Nephthali:Ahira, fils d'-----: **5:** (Gen 29:31) vit que Léa n'était pas -----; et il la rendit: (Ex 23:16) de ce que tu auras ----- dans les champs: **6:** (Gen 27:6) ton père qui ----- ainsi à Esaü, ton frère: (Jos 19:11) jusqu'à -----. Elle montait à l'occident: **7:** (Gen 2:7) de vie et l'homme devint une ----- vivante: (Gen 17:19) du nom d'-----. J'établirai mon alliance: (Gen 16:12) Il sera comme un ----- sauvage; sa main sera: **8:** (Ex 26:4) Tu feras des ----- bleus au bord du tapis: (Ps 73:2) Mes pas étaient sur le point de -----: **9:** (Néh 6:15) jour du mois d'-----, en cinquante-deux jours: (Ex 16:14) de menu comme la ----- blanche sur la terre: **10:** (1Sa 3:1) de l'Éternel était ----- en ce temps-là: (1Ti 3:1) Si quelqu'un ----- à la charge d'évêque: **11:** (Gen 24:12) ce que je désire, et ----- de bonté envers: (Luc 3:25) fils de Nahum, fils d'-----, fils de Naggaï: (Gen 36:28) Voici les fils de Dischan:Uts et -----: **12:** (Mar 1:40) il lui dit d'un ----- suppliant:Si tu le: (2Sa 8:18) les fils de David étaient ministres d'-----: (Gen 41:14) de prison. Il se ----- , changea de vêtements: **13:** (Gen 34:3) la jeune fille, et ----- parler à son coeur: (1Ch 4:21) de Juda:Er, père de -----, Laeda:(Nom 5:22) la cuisse! Et la femme nom dira:-----! Amen!

VERTICALEMENT A: (1Ch 4:15) Iru, Ela et -----, et les fils d'Ela: (Lév 13:6) Si la plaie est devenue ----- et ne s'est pas: (Gen 10:23) Les fils d'Aram:-----, Hul, Guéter et Masch: **B:** (2Ch 26:7) Dieu l'----- contre les Philistins: (1Ch 7:35) frère:T'sophach, Jimna, Schélesch et -----: (Mat 10:29) pour un -----? Cependant, il n'en tombe pas: **C:** (1Ch 11:29) Sibbecaï, le Huschatite. -----, d'Achoach: (Nom 3:3) des fils d'Aaron, qui ----- l'onction: **D:** (2R 17:30) de Cuth firent -----, les gens de Hamaht: (Gen 36:41) chef Oholibama, le chef -----, le chef Pinon: **E:** (2Ch 30:10) Mais on se ----- et l'on se moquait d'eux: (Act 12:9) par l'ange était -----, et s'imaginant avoir: **F:** (Gen 14:20) qui a livré tes ----- entre tes mains!: (És 58:9) de toi le joug, Les ----- menaçants: **G:** (Gen 5:29) lui donna le nom de -----, en disant:Celui-ci: (Gen 6:16) tu construiras un ----- inférieur, un second: (Luc 5:1) trouvait auprès du ----- de Génésareth: **H:** (Deu 33:11) force, ô Éternel! ----- l'oeuvre de ses mains!: (Ex 2:9) salaire. La femme prit l'enfant, et l'-----: **I:** (Gen 3:22) d'avancer sa -----, de prendre de l'arbre: (2Sa 12:31) et il les mit aux -----, aux pics de fer: **J:** (1R 15:8) ville de David. Et -----, son fils: (Gen 1:4) bonne; et Dieu ----- la lumière d'avec: **K:** (És 41:16) Tu les -----, et le vent les emportera: (Gen 36:43) Magdiel, le chef -----. Ce sont là les chefs: **L:** (1Ch 4:15) fils de Jephunné:-----, Ela et Naam: (Job 28:1) Il y a pour l'argent une ----- d'où on le fait: (Mi 1:16) ------toi, coupe ta chevelure: **M:** (Lév 4:12) bois:c'est sur le ----- de cendres: (Jos 15:21) d'Edom, étaient:Kabtseel, -----, Jagur: (Nom 1:15) pour Nephthali:Ahira, fils d'-----

Mots croisés N° 49

HORIZONTALEMENT 1: (Nom 4:6) par-dessus un ----- entièrement d'étoffe: (Job 6:6) manger ce qui est ----- et sans sel? Y a-t-il: (R u 4:19) engendra Ram; ----- engendra Amminadab: **2:** (Deu 4:32) et a-t-on jamais ----- chose semblable?: (Luc 6:25) Malheur à vous qui ----- maintenant, car vous: (És 19:24) sera, lui troisième, ----- à l'Egypte: **3:** (2Sa 8:1) des Philistins les ----- de leur capitale: (Éz 31:15) eaux ont été -----; J'ai rendu le Liban triste: **4:** (Jos 15:37) -----, Hadascha, Migdal-Gad: (Gen 27:28) de la terre, Du ----- et du vin en abondance!: **5:** (Ex 15:11) en sainteté, ----- de louanges, Opérant: (Gen 6:19) avec toi:il y aura un ----- et une femelle: **6:** (Mar 15:17) une couronne d'épines, qu'ils avaient -----: (Néh 10:26) Achija, Hanan, -----: **7:** (Esd 10:34) des fils de Bani, Maadaï, Amram, -----: (Mat 1:3) Pérets engendra -----; Esrom engendra Aram: (Gen 3:20) à sa femme le nom d'-----:car elle a été la: **8:** (Jug 3:15) suscita un libérateur, -----, fils de Guéra: (És 34:5) Mon épée s'est ----- dans les cieux; Voici: **9:** (Esd 4:9) de Babylone, de -----, de Déha, d'Elam: (2Ch 9:29) dans les révélations de -----, le prophète: **10:** (Deu 30:7) sur ceux qui t'auront ----- et persécuté: (1Ch 20:4) le Huschatite, tua -----, l'un des enfants: **11:** (1Ch 2:28) et Jada. Fils de -----:Nadab et Abischur: (2Sa 19:6) te haïssent et tu ----- ceux qui t'aiment: **12:** (Ex 31:2) Betsaleel, fils d'-----, fils de Hur: (Jos 15:50) Anab, Eschthemo, -----: (Gen 8:16) ----- de l'arche, toi et ta femme, tes fils: **13:** (Esd 4:9) ceux de -----, d'Arpharsathac, de Tharpel: (Gen 6:19) avec toi:il y aura un ----- et une femelle: (Ps 35:15) s'assemblent à mon ----- pour m'outrager

VERTICALEMENT A: (1R 18:27) peut-être qu'il -----, et il se réveillera: (Jos 10:11) que ceux qui furent ----- avec l'épée: (Nom 34:4) elle tournera au ----- de la montée: **B:** (2Sa 1:20) nouvelle dans les ----- d'Askalon, De peur: (Gen 11:18) Péleg, âgé de trente ans, engendra -----: (Gen 18:20) Et l'Éternel dit:Le ----- contre Sodome: **C:** (Gen 10:21) les fils d'Héber, et frère de Japhet l'-----: (1Ch 16:13) son serviteur, Enfants de Jacob, ses -----!: (Ex 29:40) et une libation d'un quart de ----- de vin: **D:** (Gen 6:21) Et toi, ----- de tous les aliments que l'on: (Esd 4:9) de Babylone, de Suse, de -----, d'Elam: **E:** (1Sa 16:23) alors plus à l'----- et se trouvait soulagé: (Jos 15:26) -----, Schema, Molada: **F:** (Deu 22:12) Tu mettras des ----- aux quatre coins: (Gen 46:17) Fils d'Aser:-----, Jischva, Jischvi et Beria: **G:** (Jug 8:18) toi, chacun avait l'----- d'un fils de roi: (R om 16:15) et Julie, ----- et sa soeur, et Olympe: (Nom 11:5) des poireaux, des oignons et des -----: **H:** (Act 14:6) à Lystre et à -----, et dans la contrée: (Col 4:9) Je l'envoie avec -----, le frère fidèle: **I:** (1Sa 20:19) et tu resteras près de la pierre d'-----: (Gen 12:9) ses marches, en s'avançant vers le -----: **J:** (1Ch 1:30) Mischma, Duma, Massa, Hadad, -----: (Nom 13:14) la tribu de Nephthali:Nachbi, fils de -----: **K:** (Gen 19:2) nous passerons la nuit dans la -----: (Gen 14:13) et frère d'-----, qui avaient fait alliance: (1R 10:22) de l'ivoire, des singes et des -----: **L:** (Gen 16:12) Il sera comme un ----- sauvage; sa main sera: (Gen 43:31) Après s'être ----- le visage, il en sortit: (Joë 2:20) dans les -----, Parce qu'il a fait de grandes: **M:** (Gen 16:5) sur toi. J'ai ----- ma servante dans ton sein: (Act 9:33) un homme nommé -----, couché sur un lit depuis: (Deu 23:2) Celui qui est ----- d'une union illicite

Mots croisés N° 50

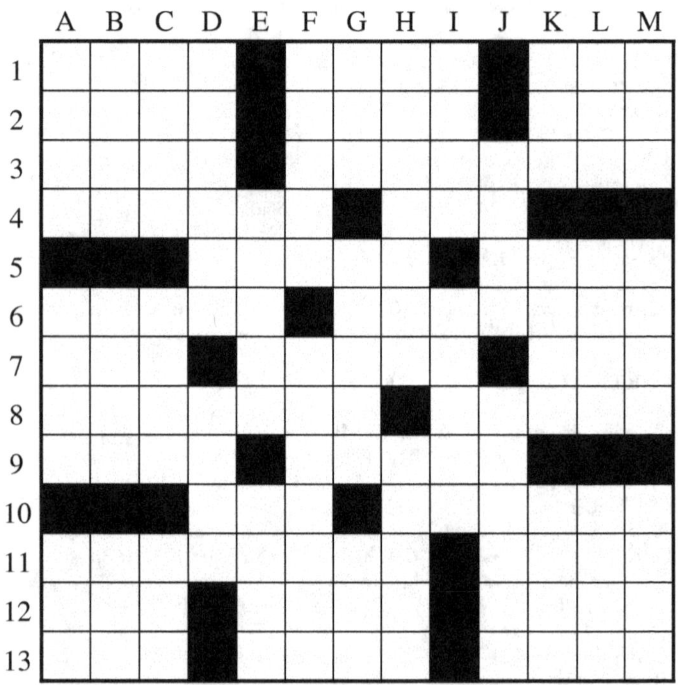

HORIZONTALEMENT 1: (Deu 15:2) qui aura fait un ----- à son prochain: (Job 6:6) manger ce qui est ----- et sans sel? Y a-t-il: (Gen 2:9) de la connaissance du bien et du -----: **2:** (Ex 27:14) toiles pour une -----, avec trois colonnes: (Jug 7:25) chefs de Madian, ----- et Zeeb; ils tuèrent: (Gen 18:21) je verrai s'ils ont ----- entièrement: **3:** (Gen 15:15) Toi, tu ----- en paix vers tes pères: (Pro 20:15) Mais les lèvres ----- sont un objet précieux: **4:** (Gen 47:11) la contrée de -----, comme Pharaon l'avait: (Jér 47:4) Philistins, Les restes de l'----- de Caphtor: **5:** (Deu 6:22) L'Éternel a -----, sous nos yeux, des miracles: (2Sa 1:20) nouvelle dans les ----- d'Askalon, De peur: **6:** (1Ch 26:7) de Schemaeja:-----, Rephaël, Obed, Elzabad: (Gen 33:11) ne manque de rien. Il -----: **7:** (Gen 19:2) nous passerons la nuit dans la -----: (1Ch 2:39) Azaria engendra Halets; Halets engendra -----: (Gen 46:16) Haggi, Schuni, Etsbon, -----, Arodi et Areéli: **8:** (Lév 26:41) résisterai et les ----- dans le pays de leurs: (És 13:12) Je les rendrai plus ----- que l'or d'Ophir: **9:** (Nom 26:36) fils de Schutélach:d'----- est descendue la: (1Ch 11:31) -----, fils de Ribaï, de Guibea des fils: **10:** (Gen 5:3) de cent trente -----, engendra un fils: (Ex 20:6) à ceux qui m'----- et qui gardent: **11:** (Act 13:34) Les grâces saintes ----- à David, ces grâces: (Luc 3:38) fils d'-----, fils de Seth, fils d'Adam: **12:** (Deu 25:18) pendant que tu étais ----- et épuisé toi-même: (Ex 12:9) le mangerez point à ----- cuit et bouilli: (Gen 7:3) de conserver leur ----- en vie sur la face: **13:** (Gen 24:12) ce que je désire, et ----- de bonté envers: (Gen 1:9) se rassemblent en un ----- lieu, et que le sec: (Gen 14:13) et frère d'-----, qui avaient fait alliance

VERTICALEMENT A: (Job 34:8) le mal, Cheminant de ----- avec les impies?: (És 41:19) Le cyprès, l'----- et le buis, tous ensemble: (És 53:10) Il a ----- à l'Éternel de le briser: **B:** (Gen 21:6) de rire; quiconque l'apprendra ----- de moi: (Gen 37:26) gagnerons-nous à ----- notre frère et à cacher: (2Sa 11:11) campent en ----- campagne, et moi j'entrerais: **C:** (Gen 10:22) de Sem furent:-----, Assur, Arpacschad, Lud: (2R 18:34) de Sepharvaïm, d'----- et d'Ivva? Ont-ils: (1Sa 25:17) et il est si méchant qu'on ----- lui parler: **D:** (Job 2:8) Et Job prit un ----- pour se gratter: (Jos 15:34) Zanoach, En-Gannim, Tappuach, -----: **E:** (2Sa 3:25) est venu, pour ----- tes démarches: (Ps 104:17) font leurs -----; La cigogne a sa demeure: **F:** (1R 18:32) de l'autel un ----- de la capacité de deux: (Mat 23:38) Voici, votre maison vous sera ----- déserte: **G:** (1Ch 7:38) Fils de Jéther:Jephunné, Pispa et -----: (2Ch 30:10) Mais on se ----- et l'on se moquait d'eux: (Joë 2:18) L'Éternel est ----- de jalousie pour son pays: **H:** (2Sa 13:4) lui dit:Pourquoi ------tu, ainsi chaque matin: (Joë 1:4) Ce qu'a laissé le jélek, le ----- l'a dévoré: **I:** (Gen 36:23) Alvan, Manahath, -----, Schepho et Onam: (Gen 11:29) d'Abram était -----, et le nom de la femme: **J:** (Luc 3:27) Zorobabel, fils de Salathiel, fils de -----: (Gen 29:32) humiliation, et maintenant mon mari m'-----: **K:** (Pro 23:34) un homme couché sur le sommet d'un -----: (Gen 24:49) si vous voulez ----- de bienveillance: (Nom 1:15) pour Nephthali:Ahira, fils d'-----: **L:** (Gen 17:12) A l'----- de huit jours, tout mâle parmi vous: (Ex 3:14) dit à Moïse:Je ----- celui qui suis: (Mat 22:2) à un roi qui fit des ----- pour son fils: **M:** (1R 7:19) figuraient des ----- et avaient quatre: (Gen 4:9) Abel? Il répondit:Je ne ----- pas; suis-je le: (Jos 19:35) étaient:Tsiddim, -----, Hammath, Rakkath

Mots croisés N° 51

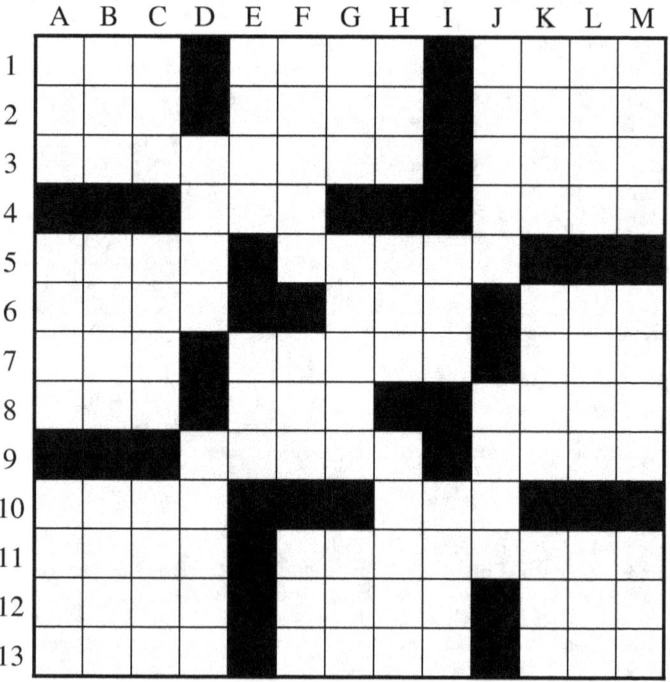

HORIZONTALEMENT 1: (Néh 3:1) la tour de ----- jusqu'à la tour de Hananeel: (Nom 31:8) Tsur, Hur et -----, cinq rois de Madian: (És 6:6) l'un des séraphins ----- vers moi, tenant: **2:** (1Sa 1:3) les deux fils d'-----, Hophni et Phinées: (Gen 23:4) enterrer mon mort et l'----- de devant moi: (Pro 27:7) qui a faim trouve doux tout ce qui est -----: **3:** (Pro 25:17) Mets ----- le pied dans la maison de ton: (2Ch 35:20) de l'Éternel, -----, roi d'Egypte,monta: **4:** (1Ch 15:18) ordre:Zacharie, -----, Jaaziel, Schemiramoth: (Gen 4:18) Hénoc engendra -----, Irad engendra Mehujaël: **5:** (Jos 18:25) Gabaon, -----, Beéroth: (Jos 15:49) -----, Kirjath-Sanna, qui est Debir: **6:** (1Ch 7:35) frère:Tsophach, Jimna, Schélesch et -----: (1Jn 2:22) l'Antéchrist, qui ----- le Père et le Fils: (Deu 25:18) pendant que tu étais ----- et épuisé toi-même: **7:** (Ps 98:6) et au son du -----, Poussez des cris de joie: (Gen 28:3) te bénisse, te ----- fécond et te multiplie: (1Ch 8:12) qui bâtit -----, Lod et les villes: **8:** (Gen 16:12) Il sera comme un ----- sauvage; sa main sera: (Gen 2:7) de vie et l'homme devint une ----- vivante: (Jug 9:26) Gaal, fils d'-----, vint avec ses frères: **9:** (Gen 43:30) entrailles étaient ----- pour son frère: (Ex 12:9) le mangerez point à ----- cuit et bouilli: **10:** (2Sa 21:2) d'Israël s'étaient ----- envers eux par: (Gen 8:22) et la chaleur, l'----- et l'hiver: **11:** (Jos 14:15) Kirjath-Arba:----- avait été l'homme le plus: (Jér 44:3) d'autres dieux, ----- d'eux, de vous et de vos: **12:** (Néh 12:36) Guilalaï, -----, Nethaneel, Juda et Hanani: (Gen 11:18) Péleg, âgé de trente ans, engendra -----: (Gen 46:16) Haggi, Schuni, Etsbon, -----, Arodi et Arcéli: **13:** (Ex 27:14) toiles pour une -----, avec trois colonnes: (Gen 30:13) heureuse. Et elle l'appela du nom d'-----: (Nom 34:11) Ribla, à l'orient d'-----; elle descendra

VERTICALEMENT A: (Gen 1:26) poissons de la -----, sur les oiseaux du ciel: (Mat 5:22) dira à son frère:-----! mérite d'être puni: (Mat 27:46) d'une voix forte:Eli, Eli, ----- sabachthani?: **B:** (Gen 36:41) chef Oholibama, le chef -----, le chef Pinon: (1R 22:26) et emmène-le vers -----, chef de la ville: (Gen 13:9) droite; si tu vas à droite, j'----- à gauche: **C:** (Jug 8:18) toi, chacun avait l'----- d'un fils de roi: (És 25:10) la paille est foulée dans une ----- à fumier: (Gen 36:23) Alvan, Manahath, -----, Schepho et Onam: **D:** (Gen 36:23) Alvan, Manahath, -----, Schepho et Onam: (2R 19:2) de sacs, vers -----, le prophète: **E:** (Act 2:10) qui sont venus de -----, Juifs et prosélytes: (Ru 4:19) engendra Ram; ----- engendra Amminadab: **F:** (Nom 21:15) torrents, qui s'----- du côté d'Ar et touche: (Joë 2:18) L'Éternel est ----- de jalousie pour son pays: (2Sa 20:26) et ----- de Jaïr était ministre d'Etat: **G:** (1Ch 15:18) ordre:Zacharie, -----, Jaaziel, Schemiramoth: (Gen 14:4) et la treizième -----, ils s'étaient révoltés: (Gen 14:14) braves serviteurs, ----- dans sa maison: **H:** (Ex 30:25) de parfums selon l'----- du parfumeur: (Nom 24:21) est solide, Et ton ----- posé sur le roc: (2R 19:26) Et le blé qui ----- avant la formation: **I:** (Gen 24:15) l'épaule, Rebecca, ----- de Bethuel: (Ex 28:34) sur tout le ----- de la bordure de la robe: **J:** (Esd 10:36) -----, Merémoth, Eliaschib: (Gen 2:8) un jardin en -----, du côté de l'orient: **K:** (Ex 16:16) sa nourriture, un ----- par tête, suivant le: (Ex 29:13) le grand ----- du foie, les deux rognons: (Jos 19:13) à Rimmon, et se prolongeait jusqu'à -----: **L:** (1Ch 4:21) de Juda:Er, père de -----, Laeda: (1Ch 6:73) et sa banlieue, et ----- et sa banlieue: (Ex 31:2) Betsaleel, fils d'-----, fils de Hur: **M:** (Nom 26:17) d'-----, la famille des Arodites; d'Areéli: (Nom 13:10) la tribu de Zabulon:Gaddiel, fils de -----: (Ex 16:1) au désert de -----, qui est entre Elim

Mots croisés N° 52

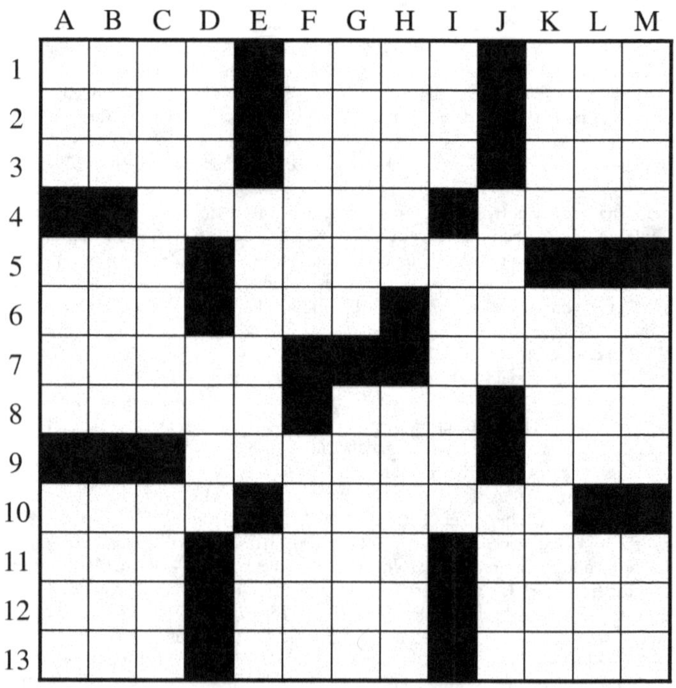

HORIZONTALEMENT 1: (Gen 12:9) ses marches, en s'avançant vers le -----: (Act 2:10) qui sont venus de -----, Juifs et p rosélytes: (Jug 11:3) dans le pays de -----. Des gens de rien: **2:** (Gen 15:15) Toi, tu ----- en paix vers tes pères: (Gen 23:4) enterrer mon mort et l'----- de devant moi: (Gen 8:22) et la chaleur, l'----- et l'hiver: **3:** (Luc 3:35) fils de Phalek, fils d'Eber, fils de -----: (Luc 3:23) on le croyait, fils de Joseph, fils d'-----: (Gen 1:26) p oissons de la -----, sur les oiseaux du ciel: **4:** (Job 10:15) Rassasié de honte et absorbé dans ma -----: (Gen 3:6) en donna aussi à son -----, qui était: **5:** (1Ch 7:38) Fils de Jéther:Jep hunné, Pispa et -----: (Can 1:7) comme une ----- Près des troupeaux: **6:** (Job 33:9) péché, Je suis -----, il n'y a point en moi: (Gen 30:30) t'a béni sur mes -----. Maintenant: (Gen 2:4) cieux et de la terre, quand ils furent -----: **7:** (Gen 36:35) de Moab. Le nom de sa ville était -----: (Gen 28:3) te bénisse, te ----- fécond et te multiplie: **8:** (1Ch 5:6) -----, son fils, que Tilgath-Pilnéser, roi: (2Sa 3:11) Isch-Boscheth n'----- pas répliquer un seul: (Mar 1:40) il lui dit d'un ----- sup p liant:Situ le: **9:** (Gen 26:5) a observé mes -----, mes commandements: (Gen 2:7) de vie et l'homme devint une ----- vivante: **10:** (2R 1:8) C'était un homme ----- de p oil et ayant: (Lév 13:55) de l'endroit ou de l'----- qui a été rongée: **11:** (Jér 47:4) Philistins, Les restes de l'----- de Caphtor: (1Ch 5:13) Schéba, Joraï, Jaecan, Zia et -----, sept: (Gen 25:25) de poil; et on lui donna le nom d'-----: **12:** (Ex 16:1) au désert de -----, qui est entre Elim: (2Sa 19:7) ce sera pour toi ----- que tous les malheurs: (Gen 8:1) Dieu fit p asser un ----- sur la terre: **13:** (Joë 2:18) L'Éternel est ----- de jalousie pour son pays: (Gen 15:15) Toi, tu ----- en paix vers tes pères: (Deu 29:5) ne se sont point ----- sur toi, et ton soulier

VERTICALEMENT A: (Gen 16:5) sur toi. J'ai ----- ma servante dans ton sein: (Jos 11:21) de Debir, d'-----, de toute la montagne: (Ps 7:13) son glaive, Il bande son arc, et il -----: **B:** (2Sa 20:26) et ----- de Jaïr était ministre d'Etat: (Gen 41:25) à Pharaon:Ce qu'a ----- Pharaon est une seule: (Ex 15:27) Ils arrivèrent à -----, où il y avait douze: **C:** (2Ti 4:10) Crescens est allé en Galatie, Tite en -----: (Gen 19:27) au lieu où il s'était ----- en présence: **D:** (Ru 4:17) Obed. Ce fut le père d'----- père de David: (2R 12:9) coffre, p erça un ----- dans son couvercle: **E:** (Gen 10:30) du côté de -----, jusqu'à la montagne: (Os 8:7) n'auront pas un ----- de blé; Ce qui poussera: **F:** (1Ch 7:34) Fils de Schamer:Achi, -----, Hubba et Aram: (Jos 10:3) Japhia, roi de Lakis, et à -----, roi d'Eglon: **G:** (Ex 29:25) Tu les ----- ensuite de leurs mains!: (Pro 4:9) de grâce, Elle t'----- d'un magnifique: **H:** (És 5:22) la vaillance p our ----- des liqueurs fortes: (És 28:9) viennent d'être -----, Qui viennent de quitter: **I:** (Gen 46:16) Haggi, Schuni, Etsbon, -----, Arodi et Areéli: (2Sa 22:43) la terre, Je les -----, je les foule, comme la: **J:** (Gen 2:24) son père et sa -----, et s'attachera: (Gen 44:28) car je ne l'ai p as ----- jusqu'à p résent: **K:** (1Ch 1:30) Mischma, Duma, Massa, Hadad, -----: (És 23:18) Ils ne seront ni ----- ni conservés: **L:** (Gen 23:4) enterrer mon mort et l'----- de devant moi: (Gen 25:30) p our cela qu'on a donné à Esaü le nom d'-----: (Gen 16:12) Il sera comme un ----- sauvage; sa main sera: **M:** (1Ch 7:36) Suach, Harnépher, Schual, -----, Jimra: (1Sa 14:4) le nom de Botsets et l'autre celui de -----: (Gen 10:23) Les fils d'Aram:-----, Hul, Guéter et Masch

Mots croisés N° 53

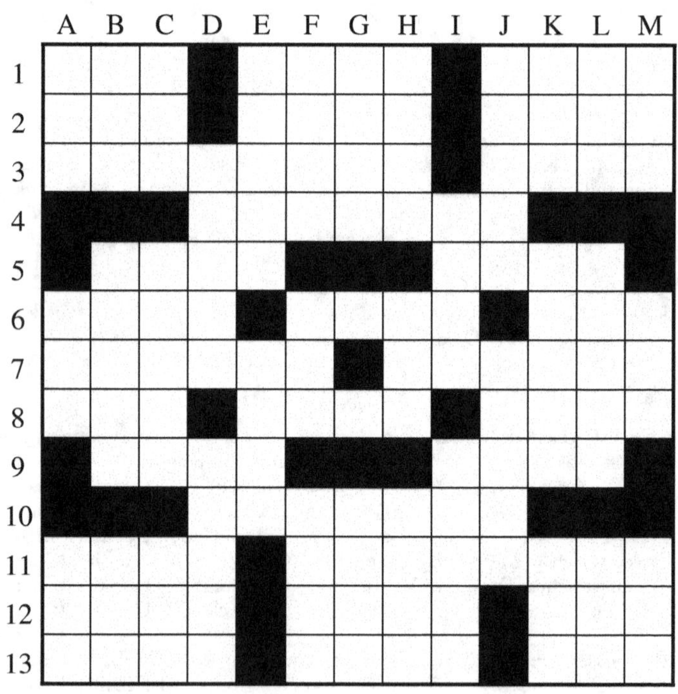

HORIZONTALEMENT 1: (Gen 9:13) j'ai placé mon ----- dans la nue: (1Ch 4:21) de Juda:Er, pè re de -----, Laeda: (Néh 12:36) Guilalaï, -----, Nethaneel, Juda et Hanani: **2:** (Gen 2:9) de la connaissance du bien et du -----: (Gen 10:5) été peuplées les ----- des nations selon leurs: (Gen 18:25) cette maniè re d'-----! loin de toi! Celui: **3:** (Ex 28:17) rangée, une sardoine, une topaze, une -----: (Gen 19:27) au lieu où il s'était ----- en présence: **4:** (2Ch 20:34) lesquels sont ----- dans le livre des rois: **5:** (2Sa 8:18) les fils de David étaient ministres d'-----: (Gen 37:7) Nous étions à ----- des gerbes au milieu: **6:** (Mar 15:34) s'écria d'une voix forte:-----, Eloï, lama: (Esd 2:50) les fils d'-----, les fils de Mehunim: (Ex 8:12) Elle se changera en -----, dans tout le pays: **7:** (Deu 4:11) et vous vous ----- au pied de la montagne: (2Sa 20:24) Adoram était préposé aux -----; Josaphat: **8:** (1Ch 18:8) à Thibchath et à -----, villes d'Hadarézer: (Jug 2:13) et ils servirent ----- et les Astartés: (1Co 12:17) oeil, où serait l'-----? S'il était tout ouïe: **9:** (1Ch 2:6) Ethan, Héman, Calcol et -----. En tout:cinq: (Ap 18:3) sont enrichis par la puissance de son -----: **10:** (1Ch 11:35) fils de Sacar, d'Harar. -----, fils d'Ur: **11:** (Gen 27:11) mon frè re, est -----, et je n'ai point: (2R 3:19) d'eau, et vous ----- avec des pierres tous: **12:** (Jug 15:8) se retira dans la caverne du rocher d'-----: (Gen 10:10) sur Babel, -----, Accad et Calné, au pays: (Esd 2:57) fils de Pokéreth-Hatsebaïm, les fils d'-----: **13:** (1Ch 4:12) de Nachasch. Ce sont là les hommes de -----: (1Ch 2:33) Péleth et -----.- Ce sont là les fils: (Gen 4:8) Caïn se jeta sur son frère Abel, et le -----

VERTICALEMENT A: (Gen 2:7) de vie et l'homme devint une ----- vivante: (Esd 4:10) et autres lieux de ce côté du fleuve, -----: (Job 25:6) qui n'est qu'un -----, Le fils de l'homme: **B:** (Ru 4:19) engendra Ram; ----- engendra Amminadab: (Mat 1:14) Sadok engendra Achim; Achim engendra -----: (Gen 8:22) et la chaleur, l'----- et l'hiver: **C:** (Jug 3:25) ils prirent la ----- et ouvrirent: (2Sa 22:14) L'Éternel ----- des cieux, Le Très-Haut fit: (Luc 5:1) trouvait auprè s du ----- de Génésareth: **D:** (2Ch 30:10) Mais on se ----- et l'on se moquait d'eux: (Gen 22:24) Sa concubine, nommée -----, a aussi enfanté: **E:** (Act 22:4) cette doctrine, ----- et mettant en prison: (Gen 36:23) Alvan, Manahath, -----, Schepho et Onam: **F:** (1Ch 16:13) son serviteur, Enfants de Jacob, ses -----!: (1R 15:8) ville de David. Et -----, son fils: (Nom 10:9) dans votre pays, vous ----- à la guerre: **G:** (1R 21:2) à Naboth:-----moi ta vigne, pour que j'en: (Jug 7:10) descends-y avec -----, ton serviteur: **H:** (Gen 30:13) heureuse. Et elle l'appela du nom d'-----: (És 23:3) eaux, le blé du -----, La moisson du fleuve: (Gen 31:29) pè re m'a dit -----:Garde-toi de parler: **I:** (Gen 10:22) de Sem furent:-----, Assur, Arpacschad, Lud: (Jug 9:53) Alors une femme ----- sur la tête d'Abimélec: **J:** (1Sa 10:21) et la famille de ----- fut désignée. Puis: (Mat 23:37) tes enfants, comme une ----- rassemble: **K:** (Gen 17:12) A l'----- de huit jours, tout mâle parmi vous: (Ex 4:25) en disant:Tu es pour moi un ----- de sang!: (És 2:20) les adorer, Aux ----- et aux chauves-souris: **L:** (Nom 34:11) Ribla, à l'orient d'-----; elle descendra: (Ex 12:8) mangera la chair, ----- au feu; on la mangera: (Joë 2:18) L'Éternel est ----- de jalousie pour son pays: **M:** (1Ch 4:15) fils de Jephunné:-----, Ela et Naam: (Gen 24:12) ce que je désire, et ----- de bonté envers: (1Ch 5:13) Schéba, Joraï, Jaecan, ----- et Eber, sept

Mots croisés N° 54

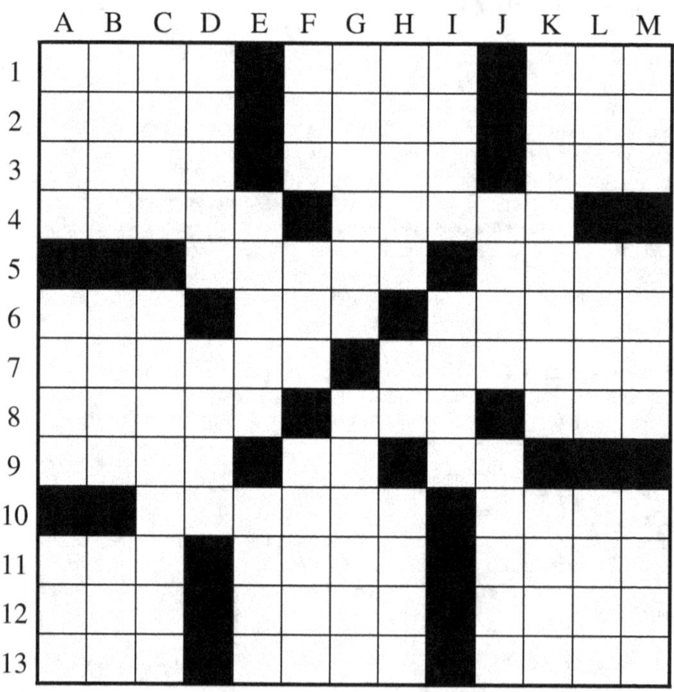

HORIZONTALEMENT 1: (Job 39:8) l'âne sauvage, Et l'affranchit de tout -----?: (Gen 36:24) fils de Tsibeon:----- et Ana. C'est cet Ana: (2R 6 :25) et le quart d'un ----- de fiente de pigeon: **2:** (Gen 31:19) que Laban était ----- tondre ses brebis: (1Sa 27:2) chez Akisch, fils de -----, roi de Gath: (Joë 2:18) L'Éternel est ----- de jalousie pour son pays: **3:** (Néh 12:36) Guilalaï, -----, Nethaneel, Juda et Hanani: (Ps 77:19) le monde; La terre s'----- et trembla: (És 23:3) eaux, le blé du -----, La moisson du fleuve: **4:** (Deu 10:12) ses voies, d'----- et de servir l'Éternel: (Ex 26:24) le bas, et bien ----- à leur sommet: **5:** (1Ch 16:4) d'invoquer, de ----- et de célébrer l'Éternel: (Gen 37:9) voici, le soleil, la ----- et onze étoiles: **6:** (Néh 7:47) Kéros, les fils de -----, les fils de Padon: (Gen 1:9) lieu, et que le ----- paraisse. Et cela fut: (Deu 19:5) du bois dans la ----- avec un autre homme: **7:** (Nom 13:12) pour la tribu de Dan:-----, fils de Guemalli: (Ex 21:30) de sa vie, il ----- tout: **8:** (2Sa 23:7) d'une lance, Et on les ----- au feu sur place: (Gen 10:22) Elam, Assur, Arpacschad, ----- et Aram: (Gen 17:17) sur sa face; il -----, et dit en son coeur: **9:** (Ex 27:14) toiles pour une -----, avec trois colonnes: (Gen 12:8) à l'occident et ----- à l'orient. Il bâtit: (Gen 38:3) et enfanta un fils, qu'elle appela -----: **10:** (Gen 42:9) Vous êtes des -----; c'est pour observer: (Jos 11:21) de Debir, d'-----, de toute la montagne: **11:** (Ex 21:33) Si un homme ----- à découvert une citerne: (1Ch 15:18) Jehiel, -----, Eliab, Benaja, Maaséja: (Gen 12:6) chênes de -----. Les Cananéens étaient alors: **12:** (Ex 30:25) de parfums selon l'----- du parfumeur: (2Sa 8:1) des Philistins les ----- de leur capitale: (1Sa 20:6) tu diras:David m'a ----- de lui laisser faire: **13:** (Jug 14:20) de ses compagnons, avec lequel il était -----: (Gen 30:13) heureuse. Et elle l'appela du nom d'-----; (Jos 15:21) d'Edom, étaient:Kabtseel, -----, Jagur

VERTICALEMENT A: (Mat 27:46) d'une voix forte:Eli, Eli, ----- sabachthani?: (Gen 10:7) fils de Cusch:-----, Havila, Sabta, Raema: (Gen 2:9) de la connaissance du bien et du -----: **B:** (1Ch 11:29) Sibbecaï, le Huschatite. -----, d'Achoach: (1Ch 9:4) fils d'Omri, fils d'-----, fils de Bani: (Gen 46 :16) Haggi, Schuni, Etsbon, -----, Arodi et Areéli: **C:** (Gen 10:22) de Sem furent:-----, Assur, Arpacschad, Lud: (És 3:20) ceintures, Les boîtes à parfums et les -----: **D:** (Jos 19:27) Beth-Emek et de -----, et se prolongeait: (Gen 10:5) été peuplées les ----- des nations selon leurs: **E:** (Gen 27:28) te donne de la ----- du ciel Et de la graisse: (Jug 7:10) descends-y avec -----, ton serviteur: **F:** (Gen 2:7) de vie et l'homme devint une ----- vivante: (Esd 10:34) des fils de Bani, Maadaï, Amram, -----: (1Sa 17:13) Les trois fils ----- d'Isaï avaient suivi Salü: **G:** (1Ch 4:34) Meschobab; -----; Joscha,fils d'Amatsia: (Gen 49:9) un lion, Comme une -----:qui le fera lever?: **H:** (Nom 10:32) nous te ferons ----- du bien que l'Éternel: (Gen 26:9) Comment as-tu ----- dire:C'est ma soeur?: (Act 4:16) par eux, et nous ne pouvons pas le -----: **I:** (Deu 13:11) ne commette plus un ----- aussi criminel: (Job 6 :6)manger ce qui est ----- et sans sel? Y a-t-il: **J:** (Mar 15:34) s'écria d'une voix forte:-----, Eloï, lama: (Lév 11:41) tout reptile qui ----- sur la terre:on n'en: **K:** (2Ti 4:2) ou non, reprends, -----, exhorte: (Gen 13:14) tu es, regarde vers le ----- et le midi: **L:** (Esd 2:57) fils de Pokéreth-Hatsebaïm, les fils d'-----: (Luc 3:27) Zorobabel, fils de Salathiel, fils de -----: (2R 15:25) de même qu'Argob et -----; il avait avec lui: **M:** (1R 6:38) année, au mois de -----, qui est le huitième: (2Sa 8:18) les fils de David étaient ministres d'-----: (Nom 21:16) à Beer. C'est ce -----, où l'Éternel dit

Mots croisés N° 55

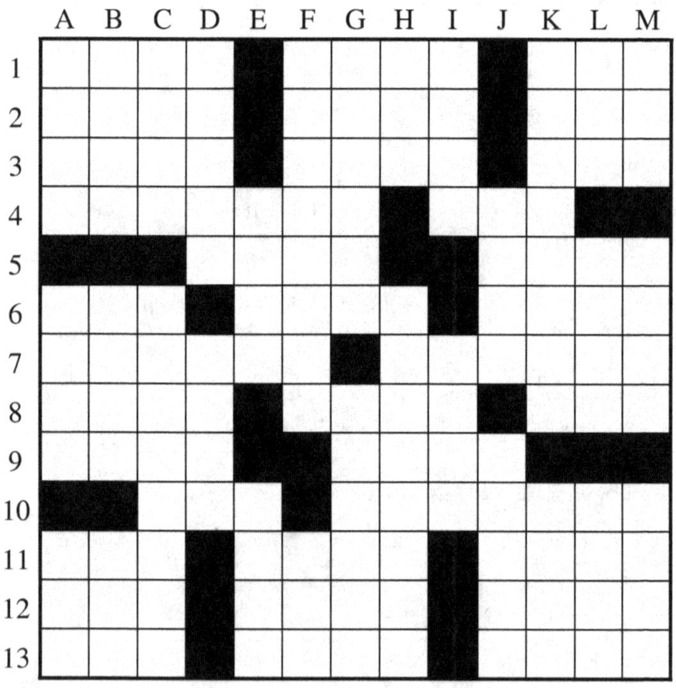

HORIZONTALEMENT 1: (És 41:15) de toi un traîneau -----, tout neuf, Garni: (Gen 7:3) de conserver leur ----- en vie sur la face: (Éz 30:5) toute l'Arabie, -----, Et les fils du pays: **2:** (Gen 15:15) Toi, tu ----- en paix vers tes pères: (Pro 30:1) Paroles d'-----, fils de Jaké. Sentences: (2Sa 3:11) Isch-Boscheth n'----- pas répliquer un seul: **3:** (Gen 6:19) avec toi:il y aura un ----- et une femelle: (Gal 4:24) L'une du mont -----, enfantant: (Gen 14:14) braves serviteurs, ----- dans sa maison: **4:** (Jér 35:15) sa mauvaise voie, ----- vos actions: (Gen 4:16) dans la terre de -----, à l'orient d'Eden: **5:** (Jos 21:4) On ----- le sort pour les familles: (Job 20:6) cieux, Et que sa tête toucherait aux -----: **6:** (1Jn 2:22) l'Antéchrist, qui ----- le Père et le Fils: (Gen 7:11) de Noé, le second -----, le dix-septième jour: (1Ch 23:10) Schimeï:Jachath, -----, Jeusch et Beria: **7:** (Deu 2:23) Les -----, qui hab itaient dans des villages: (Jos 24:5) par les prodiges que j'----- au milieu d'elle: **8:** (2Sa 23:33) d'Harar. Achiam, fils de Scharar, d'-----: (Ex 28:34) sur tout le ----- de la b ordure de la robe: (Gen 5:3) de cent trente -----, engendra un fils: **9:** (Ex 3:1) de Madian; et il ----- le troupeau derrière le: (2Sa 13:33) donc point dans l'----- que tous les fils: **10:** (2Sa 3:11) Isch-Boscheth n'----- pas répliquer un seul: (Néh 6:6) les nations et ----- affirme que toi: **11:** (Gen 36:39) de sa ville était -----; et le nom de sa femme: (Gen 9:26) Il dit encore:----- soit l'Éternel. (Job 39:8) l'ânc sauvage, Et l'affranchit de tout -----?: **12:** (Ex 31:2) Betsaleel, fils d'-----, fils de Hur: (Job 41:20) la massue qu'un ----- de paille, Il rit: (Luc 3:33) d'Admin, fils d'-----, fils d'Esrom: **13:** (És 2:20) les adorer, Aux ----- et aux chauves-souris: (1Sa 16:23) alors plus à l'----- et se trouvait soulagé: (Jug 18:19) répondirent:------toi, mets ta main

VERTICALEMENT A: (Gen 24:67) sa femme, et il l'-----. Ainsi fut consolé: (1Ch 4:15) Iru, Ela et -----, et les fils d'Ela: (Est 3:7) on jeta le -----, c'est-à-dire le sort: **B:** (Gen 36:43) Magdiel, le chef -----. Ce sont là les chefs: (1Sa 1:13) point sa voix. Eli pensa qu'elle était -----: (1Ch 7:38) Fils de Jéther:Jephunné, Pispa et -----: **C:** (Lév 21:20) tache à l'oeil, la -----, une dartre: (Ps 49:15) Leur beauté s'-----, le séjour des morts: **D:** (Jér 6:13) sacrificateur, Tous ----- de tromperie: (Gen 15:15) Toi, tu ----- en paix vers tes pères: **E:** (Gen 14:20) mains! Et Ab ram lui donna la -----: (Mar 14:36) Il disait:-----, Père, toutes choses: **F:** (Lév 21:5) la tête, ils ne ----- point les coins: (Gen 46:16) Haggi, Schuni, Etsb on, -----, Arodi et Areéli: **G:** (1R 3:12) voici, j'----- selon ta parole. Je te donnerai: (Éz 16:9) était sur toi, et je t'----- avec de l'huile: **H:** (1Ch 18:8) à Thib chath et à -----, villes d'Hadarézer: (Ps 73:19) sont enlevés, exterminés par une fin -----!: **I:** (Nom 26:36) fils de Schutélach:d'----- est descendue la: (Gen 4:20) sous des tentes et ----- des troupeaux: **J:** (Gen 32:22) servantes, et ses ----- enfants, et passa le: (Nom 10:5) vous sonnerez avec -----, ceux qui campent: **K:** (Ex 21:6) son maître le ----- devant Dieu, et le fera: (Gen 38:1) retira vers un homme d'Adullam, nommé -----: **L:** (Gen 24:12) ce que je désire, et ----- de bonté envers: (Nom 1:15) pour Nephthali:Ahira, fils d'-----: (És 65:11) pour Gad, Et remplissez une coupe pour -----: **M:** (Gen 49:25) des eaux en -----, Des b énédictions: (Gen 4:9) Ab el? Il répondit:Je ne ----- pas; suis-je le: (Jug 20:11) contre la ville, ----- comme un seul homme

Mots croisés N° 56

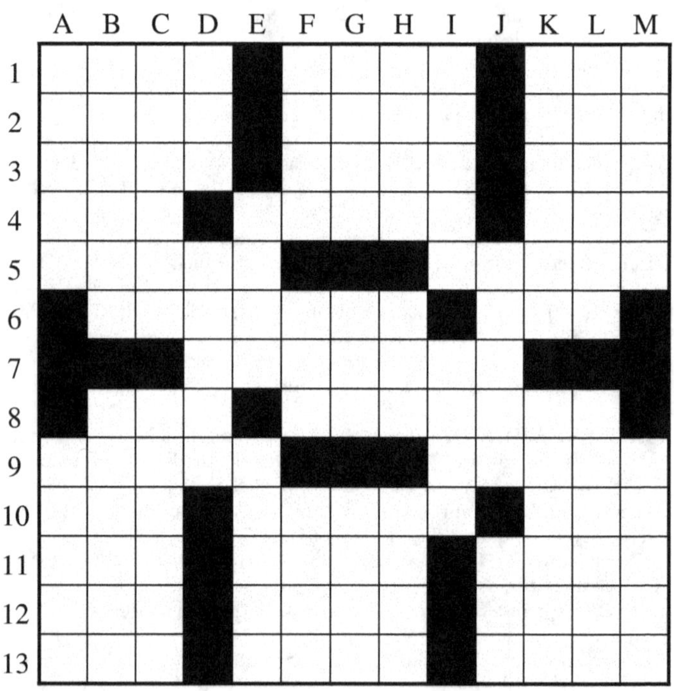

HORIZONTALEMENT 1: (Gen 41:55) vers Joseph, et faites ce qu'il vous -----: (Nom 24:8) brise leurs os, et les ----- de ses flèches: (És 2:20) les adorer, Aux ----- et aux chauves-souris: **2:** (Gen 36:28) Voici les fils de Dischan:Uts et -----: (Est 9:27) jours, selon le ----- prescrit et au temps: (Gen 3:20) à sa femme le nom d'-----:car elle a été la: **3:** (Ps 104:17) font leurs -----; La cigogne a sa demeure: (Gen 12:9) ses marches, en s'avançant vers le -----: (És 30:24) Qu'on aura vanné avec la pelle et le -----: **4:** (Gen 4:16) dans la terre de -----, à l'orient d'Eden: (Jn 19:20) elle était en hébreu, en grec et en -----: (2Sa 21:6) à Guibea de Saül, l'----- de l'Éternel: **5:** (Néh 8:4) Schéma, -----, Urie, Hilkija et Maaséja: (Lév 10:6) point vos -----, et vous ne déchirerez point: **6:** (Ps 145:13) un règne de tous les -----, Et ta domination: (Gen 9:13) mon arc dans la -----, et il servira de signe: **7:** (Néh 9:21) vêtements ne s'----- point, et leurs pieds: **8:** (Ex 24:7) l'alliance, et le ----- en présence du peuple: (Lév 19:18) de ton peuple. Tu ----- ton prochain: **9:** (Ps 147:3) le coeur brisé, Et il ----- leurs blessures: (Jos 2:1) qui se nommait -----, et ils y couchèrent: **10:** (Nom 31:8) tous les autres, -----, Rékem, Tsur, Hur: (Jér 36:23) le livre avec le ----- du secrétaire: (Jér 47:4) Philistins, Les restes de l'----- de Caphtor: **11:** (Deu 25:18) pendant que tu étais ----- et épuisé toi-même: (Ex 16:16) sa nourriture, un ----- par tête, suivant le: (Néh 12:7) Sallu, -----, Hilkija, Jedaeja. Ce furent là: **12:** (1R 7:19) figuraient des ----- et avaient quatre: (1Ch 4:21) de Juda:Er, père de -----, Laeda: (Jn 6:19) Après avoir ----- environ vingt-cinq ou trente: **13:** (Gen 8:22) et la chaleur, l'----- et l'hiver: (Luc 3:38) fils d'-----, fils de Seth, fils d'Adam: (Gen 14:13) et frère d'-----, qui avaient fait alliance

VERTICALEMENT A: (Jos 15:49) -----, Kirjath-Sanna, qui est Debir: (És 30:24) Qu'on aura vanné avec la ----- et le van: **B:** (Mar 6:37) lui dirent:------nous acheter des pains: (2Ch 4:6) on y ----- les diverses parties: **C:** (1Ch 2:14) Nethaneel le quatrième, ----- le cinquième: (Gen 49:6) mon esprit ne s'----- point à leur assemblée!: **D:** (Gen 5:3) de cent trente -----, engendra un fils: (1Ch 8:10) -----, Schocja et Mirma. Ce sont là ses fils: **E:** (Deu 8:7) de sources et de -----, qui jaillissent: (Act 19:9) chaque jour dans l'----- d'un nommé Tyrannus: **F:** (2Sa 2:24) au coteau d'-----, qui est en face de Guiach: (Gen 29:16) s'appelait -----, et la cadette Rachel: (Nom 5:22) la cuisse! Et la femme nom dira:-----! Amen!: **G:** (Gen 44:5) dans laquelle ----- mon seigneur: (Gen 46:16) Haggi, Schuni, Etsb on, -----, Arodi et Areéli: (2Ch 35:20) de l'Éternel, -----, roi d'Egypte,monta: **H:** (Luc 3:28) de Melchi, fils d'-----, fils de Kosam: (Gen 5:32) cinq cents ans, engendra -----, Cham et Japhet: (Gen 15:15) Toi, tu ----- en paix vers tes pères: **I:** (Ap 19:13) d'un vêtement ----- de sang. Son nom est la: (Job 10:11) et de chair, Tu m'as tissé d'os et de -----: **J:** (Gen 7:7) Et Noé ----- dans l'arche avec ses fils: (1Ch 7:38) Fils de Jéther:Jephunné, Pispa et -----: **K:** (Lév 21:10) a été consacré et ----- des vêtements sacrés: (Nom 13:22) où étaient -----, Schéschaï et Talmaï: **L:** (És 28:4) qui, à peine dans la main, est aussitôt -----: (Mar 15:40) de Jacques le mineur et de Joses, et -----: **M:** (Deu 33:3) main. Ils se sont ----- à tes pieds: (Gen 46:21) Benjamin:Béla, -----, Aschbel, Guéra, Naaman

Mots croisés N° 57

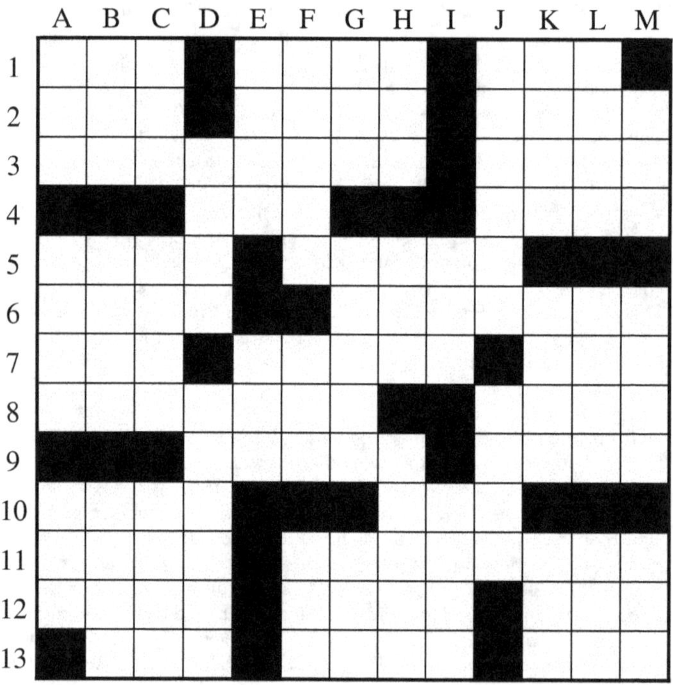

HORIZONTALEMENT 1: (Gen 30:11) bonheur! Et elle l'appela du nom de -----: (1Ch 27:30) -----, l'Ismaélite, sur les chameaux; Jechdia: (Jug 8:18) toi, chacun avait l'----- d'un fils de roi: **2:** (1Ch 8:12) qui bâtit -----, Lod et les villes: (Luc 3:27) Zorobabel, fils de Salathiel, fils de -----: (Ap 6:12) comme un sac de -----, la lune entière devint: **3:** (1Ch 4:20) Rinna, ----- et Thilon. Fils de Jischeï: (Gen 19:22) ------toi de t'y réfugier, car je ne puis rien: **4:** (Esd 2:57) fils de Pokéreth-Hatsebaïm, les fils d'-----: (Jos 15:21) d'Edom, étaient:Kabtseel, -----, Jagur: **5:** (Néh 6:15) jour du mois d'-----, en cinquante-deux jours: (1R 20:11) Que celui qui ----- une armure ne se glorifie: **6:** (Gen 9:26) Il dit encore:----- soit l'Éternel: (Nom 31:24) Vous ----- vos vêtements le septième jour: **7:** (Nom 31:8) tous les autres, -----, Rékem, Tsur, Hur: (Ru 2:15) Qu'elle ----- aussi entre les gerbes: (Gen 23:8) mon mort et que je l'----- de devant mes yeux: **8:** (Lév 19:27) et tu ne ----- point les coins de ta barbe: (Gen 36:23) Alvan, Manahath, -----, Schepho et Onam: **9:** (Mat 22:17) permis, ou non, de payer le tribut à -----?: (Gen 37:20) nous dirons qu'une ----- féroce l'a dévoré: **10:** (Gen 10:7) fils de Cusch:-----, Havila, Sabta, Raema: (Jér 47:4) Philistins, Les restes de l'----- de Caphtor: **11:** (Ex 16:16) sa nourriture, un ----- par tête, suivant le: (Gen 12:8) ayant Béthel à l'----- et Aï à l'orient: **12:** (Ex 2:13) à celui qui avait -----:Pourquoi frappes-tu: (1R 6:12) ordonnances, si tu observes et ----- tous: (Gen 29:16) s'appelait -----, et la cadette Rachel: **13:** (1Jn 2:22) l'Antéchrist, qui ----- le Père et le Fils: (1Sa 1:2) des enfants, mais ----- n'en avait point: (Gen 10:23) Les fils d'Aram:-----, Hul, Guéter et Masch

VERTICALEMENT A: (2Sa 21:18) une bataille à ----- avec les Philistins: (1Ch 5:13) Schéba, Joraï, Jaecan, Zia et -----, sept: (Pro 19:25) Frappe le moqueur, et le ----- deviendra sage: **B:** (Gen 16:12) Il sera comme un ----- sauvage; sa main sera: (Gen 13:10) Lot ----- les yeux, et vit toute la plaine: (1R 22:26) et emmène-le vers -----, chef de la ville: **C:** (Gen 30:20) m'a fait un beau -----; cette fois, mon mari: (Jug 20:11) contre la ville, ----- comme un seul homme: (1Ch 7:36) Suach, Harnépher, Schual, -----, Jimra: **D:** (Jos 19:25) passait par Helkath, -----, Béthen, Acschaph: (2Sa 22:23) moi, Et je ne me suis point ----- de ses lois: **E:** (Gen 36:23) Alvan, Manahath, Ebal, Schepho et -----: (Deu 23:24) tu pourras à ton ----- manger des raisins: **F:** (Gen 27:30) avait fini de ----- Jacob, et Jacob avait: (Deu 25:18) pendant que tu étais ----- et épuisé toi-même: (2Sa 3:11) Isch-Boscheth n'----- pas répliquer un seul: **G:** (2Sa 20:26) et ----- de Jaïr était ministre d'Etat: (1Ch 2:39) Azaria engendra Halets; Halets engendra -----: (1Ch 18:8) à Thibchath et à -----, villes d'Hadarézer: **H:** (Gen 41:42) d'habits de fin -----, et lui mit un collier: (És 30:24) Qu'on aura vanné avec la pelle et le -----: (Jon 4:6) éprouva une grande joie à cause de ce -----: **I:** (Gen 3:20) à sa femme le nom d'-----:car elle a été la: (Jos 8:35) que Josué ne ----- en présence: **J:** (Gen 30:16) car je t'ai ----- pour les mandragores: (Jug 9:26) Gaal, fils d'-----, vint avec ses frères: **K:** (Gen 4:18) Hénoc engendra -----, Irad engendra Mehujaël: (Ex 28:4) un éphod, une -----, une tunique brodée: (2Sa 21:6) à Guibea de Saül, l'----- de l'Éternel: **L:** (Act 15:1) circoncis selon le ----- de Moïse: (2Sa 8:18) les fils de David étaient ministres d'-----: (Job 33:9) péché, Je suis -----, il n'y a point en moi: **M:** (1Sa 14:50) était Abner, fils de -----, oncle de Saül: (Nom 25:11) a été animé de mon ----- au milieu d'eux: (Lév 4:12) bois:c'est sur le ----- de cendres

Mots croisés N° 58

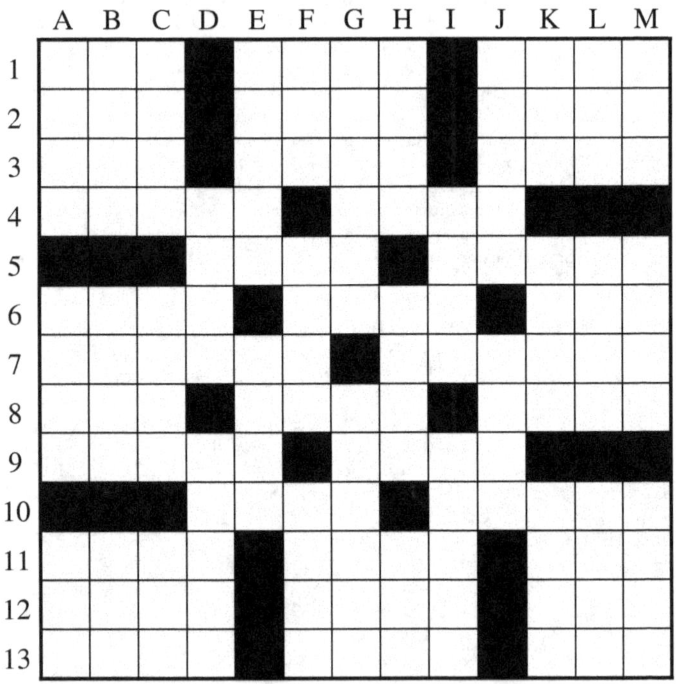

HORIZONTALEMENT 1: (2Sa 3:11) Isch-Boscheth n'----- pas répliquer un seul: (Nom 13:22) et Talmaï, enfants d'-----. Hébron avait été: (2R 18:34) de Sepharvaïm, d'----- et d'Ivva? Ont-ils: **2:** (Jug 11:3) dans le pays de -----. Des gens de rien: (Ps 74:4) adversaires ont ----- au milieu de ton temple: (Ex 16:16) sa nourriture, un ----- par tête, suivant le: **3:** (Gen 46:16) Haggi, Schuni, Etsbon, -----, Arodi et Areéli: (Gen 35:11) de toi, et des rois sortiront de tes -----: (Job 31:9) femme, Si j'ai fait le ----- à la porte: **4:** (2R 19:2) de sacs, vers -----, le prophète: (Act 7:58) aux pieds d'un jeune homme nommé -----: **5:** (Jér 4:1) dit l'Éternel, Si tu ----- tes abominations: (1R 4:5) des intendants; -----, fils de Nathan: **6:** (Deu 15:2) qui aura fait un ----- à son prochain: (Gen 14:2) de Tseboïm, et au roi de -----, qui est Tsoar: (1R 15:8) ville de David. Et -----, son fils: **7:** (2R 12:6) n'avaient point ----- ce qui était à réparer: (2R 9:16) car Joram y était -----, et Achazia, roi: **8:** (Gen 46:21) Guéra, Naaman, -----, Rosch, Muppim, Huppim e: (2Sa 13:33) donc point dans l'----- que tous les fils: (Gen 21:6) de rire; quiconque l'apprendra ----- de moi: **9:** (Gen 3:19) C'est à la ----- de ton visage que tu mangeras: (1Ch 7:39) Fils d'-----:Arach, Hanniel et Ritsja: **10:** (Luc 7:11) une ville appelée -----; ses disciples: (Deu 4:16) de quelque -----, la figure d'un homme: **11:** (Luc 3:27) Zorobabel, fils de Salathiel, fils de -----: (Mar 5:21) regagna l'autre -----, où une grande foule: (Gen 4:16) dans la terre de -----, à l'orient d'Eden: **12:** (2Sa 8:18) les fils de David étaient ministres d'-----: (Jos 7:1) par interdit. -----, fils de Carmi. (2R 18:2) Sa mère s'appelait   , fille de Zacharie: **13:** (Deu 13:11) ne commette plus un ----- aussi criminel: (Rom 9:1) en Christ, je ne ----- point, ma conscience: (Ex 21:33) Si un homme ----- à découvert une citerne

VERTICALEMENT A: (Gen 31:16) que Dieu a ----- à notre père appartient: (Gen 4:20) sous des tentes et ----- des troupeaux: (Jos 19:13) à Rimmon, et se prolongeait jusqu'à -----: **B:** (Gen 8:16) ----- de l'arche, toi et ta femme, tes fils: (Gen 11:18) Péleg, âgé de trente ans, engendra -----: (Esd 4:10) et autres lieux de ce côté du fleuve, -----: **C:** (Mat 1:7) Roboam engendra -----; Abia engendra Asa: (Job 24:15) de l'adultère ----- le crépuscule: (És 2:20) les adorer, Aux ----- et aux chauves-souris: **D:** (Mat 5:18) de la loi un seul ----- ou un seul trait: (Éph 4:3) de conserver l'----- de l'Esprit par le lien: **E:** (És 59:9) C'est pourquoi l'----- de délivrance est loin: (Gen 21:6) de rire; quiconque l'apprendra ----- de moi: **F:** (Gen 9:13) mon arc dans la -----, et il servira de signe: (Jug 9:26) Gaal, fils d'-----, vint avec ses frères: (Gen 36:43) Magdiel, le chef -----. Ce sont là les chefs: **G:** (Esd 10:3) notre Dieu. Et que l'on ----- d'après la loi: (2Ti 1:5) Loïs et dans ta mère -----, et qui, j'en suis: **H:** (Jos 15:22) -----, Dimona, Adada: (Nom 3:24) Guerschonites était Eliasaph, fils de -----: (És 30:24) Qu'on aura vanné avec la pelle et le -----: **I:** (Gen 10:27) Hadoram, -----, Dikla: (Lév 26:13) j'ai brisé les ----- de votre joug,: **J:** (Nom 26:33) Machla, Noa, -----, Milca et Thirsta: (Gen 4:18) Hénoc engendra -----, Irad engendra Mehujaël: **K:** (Joë 2:18) L'Éternel est ----- de jalousie pour son pays: (Deu 20:5) Qui est-ce qui a ----- une maison neuve: (Gen 36:23) Alvan, Manahath, Ebal, Schepho et -----: **L:** (Gen 24:15) l'épaule, Rebecca, ----- de Bethuel: (Gen 24:49) si vous voulez ----- de bienveillance: (Ex 29:13) le grand ----- du foie, les deux rognons: **M:** (Ex 30:25) de parfums selon l'----- du parfumeur: (1Ch 2:6) Ethan, Héman, Calcol et -----. En tout:cinq: (Est 1:20) L'----- du roi sera connu dans tout

Mots croisés N° 59

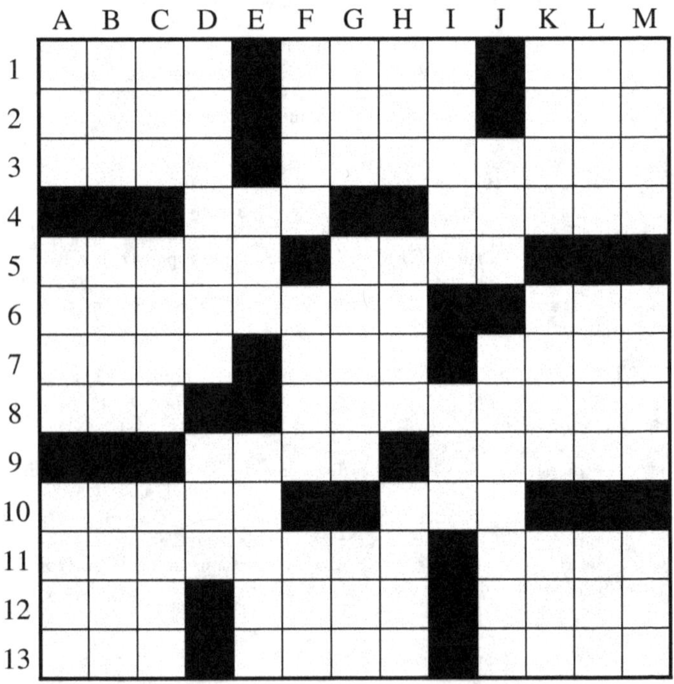

HORIZONTALEMENT 1: (Pro 15:19) est comme une ----- d'épines, Mais le sentier: (Jn 2:1) y eut des noces à ----- en Galilée. La mère: (Esd 4:9) ceux de -----, d'Arpharsathac, de Tharpel: **2:** (Joë 2:20) dans les -----, Parce qu'il a fait de grandes: (2Co 11:21) tout ce que peut ----- quelqu'un - je parle: (1Ch 4:15) fils de Jephunné:-----, Ela et Naam: **3:** (Gen 15:15) Toi, tu ----- en paix vers tes pères: (2Ch 12:7) pas, je ne ----- pas à les secourir: **4:** (Gen 24:12) ce que je désire, et ----- de bonté envers: (Ex 34:34) pour lui parler, il ----- le voile: **5:** (2Sa 13:28) coeur d'Amnon sera ----- par le vin: (Gen 37:9) voici, le soleil, la ----- et onze étoiles: **6:** (Gen 49:25) bénédictions des ----- et du sein maternel: (2R 11:6) un tiers à la porte de -----, et un tiers à l: **7:** (Gen 10:5) été peuplées les ----- des nations selon leurs: (Gen 17:12) A l'----- de huit jours, tout mâle parmi vous: (Gen 41:14) de prison. Il se -----, changea de vêtements: **8:** (Gen 1:26) poissons de la -----, sur les oiseaux du ciel: (Jos 23:12) avec elles par des -----, et si vous formez: **9:** (Jug 2:13) et ils servirent ----- et les Astartés: (Nom 30:4) à l'Éternel et se ----- par un engagement: **10:** (Lév 19:36) des poids justes, des ----- justes et des hins: (Gen 14:14) braves serviteurs, ----- dans sa maison: **11:** (2Sa 17:20) Ils ont passé le -----. Ils cherchèrent: (Gen 10:5) été peuplées les ----- des nations selon leurs: **12:** (Gen 16:12) Il sera comme un ----- sauvage; sa main sera: (1Sa 1:13) point sa voix. Eli pensa qu'elle était -----: (Luc 3:27) Zorobabel, fils de Salathiel, fils de -----: **13:** (És 23:3) eaux, le blé du -----, La moisson du fleuve: (Nom 6:3) point de raisins frais ni de raisins -----: (Ps 38:4) Il n'y a rien de ----- dans ma chair à cause

VERTICALEMENT A: (Deu 30:7) sur ceux qui t'auront ----- et persécuté: (Gen 14:5) Zuzim à Ham, les ----- à Schavé-Kirjathaïm: (Nom 26:36) fils de Schutélach:d'----- est descendue la: **B:** (Jug 8:18) toi, chacun avait l'----- d'un fils de roi: (Lév 21:20) tache à l'oeil, la -----, une dartre: (Ex 19:12) touchera la montagne sera ----- de mort: **C:** (2Sa 20:26) et ----- de Jaïr était ministre d'Etat: (Pro 27:7) qui a faim trouve doux tout ce qui est -----: (1R 16:34) De son temps, ----- de Béthel bâtit Jéricho: **D:** (Luc 7:44) ses larmes, et les a ----- avec ses cheveux: (Gen 49:25) des eaux en -----, Des bénédictions: **E:** (Gen 19:26) arrière, et elle devint une statue de -----: (Gen 18:1) comme il était ----- à l'entrée de sa tente: **F:** (Gen 2:22) une femme de la ----- qu'il avait prise: (Mat 27:46) d'une voix forte:Eli, Eli, ----- sabachthani?: (Gen 3:20) à sa femme le nom d'-----:car elle a été la: **G:** (1R 15:8) ville de David. Et -----, son fils: (Act 19:39) ils se régleront dans une assemblée -----: (Gen 9:13) j'ai placé mon ----- dans la nue: **H:** (1Sa 14:50) était Abner, fils de -----, oncle de Saül: (Gen 24:49) si vous voulez ----- de bienveillance: (Job 20:6) cieux, Et que sa tête toucherait aux -----: **I:** (1Ch 2:18) qu'il eut d'Azuba:Jéscher, Schobab et -----: (Jér 47:4) Philistins, Les restes de l'----- de Caphtor: **J:** (Gen 8:22) et la chaleur, l'----- et l'hiver: (Gen 40:10) et ses grappes donnèrent des ----- mûrs: **K:** (Gen 41:55) vers Joseph, et faites ce qu'il vous -----: (Gen 41:33) intelligent et -----, et qu'il le mette: (Gen 29:16) s'appelait -----, et la cadette Rachel: **L:** (Gen 13:9) droite; si tu vas à droite, j'----- à gauche: (Gen 24:49) si vous voulez ----- de bienveillance: (Gen 46:16) Haggi, Schuni, Etsbon, -----, Arodi et Areéli: **M:** (Gen 1:5) les ténèbres -----. Ainsi, il y eut un soir: (Gen 41:14) de prison. Il se -----, changea de vêtements: (Ex 16:1) au désert de -----, qui est entre Elim

Mots croisés N° 60

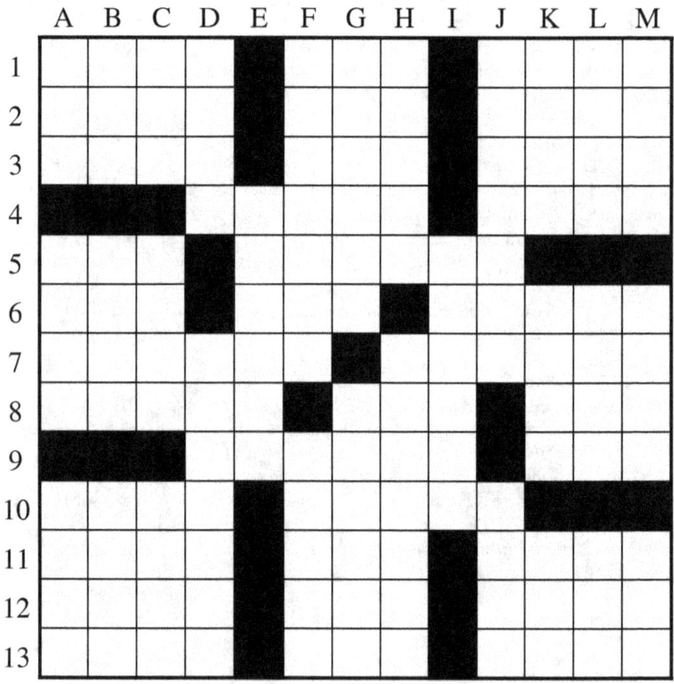

HORIZONTALEMENT 1: (Mar 14:36) Il disait:-----, Père, toutes choses: (2R 18:36) Le peuple se -----, et ne lui répondit pas: (Jos 15:26) -----, Schema, Molada: **2:** (1Sa 21:7) un Edomite, nommé -----, chef des bergers: (1Ch 7:38) Fils de Jéther:Jephunné,Pispa et -----: (Ps 84:7) la vallée de -----, Ils la transforment: **3:** (1Sa 1:2) des enfants, mais ----- n'en avait point: (Gen 1:26) poissons de la -----, sur les oiseaux du ciel: (2Sa 23:33) d'Harar. Achiam, fils de Scharar, d'-----: **4:** (Job 21:11) brebis, Et les enfants prennent leurs -----: (2Pi 2:13) plein jour; hommes ----- et souillés: **5:** (2Sa 11:11) campent en ----- campagne, et moi j'entrerais: (Ps 59:16) Ils ----- çà et là, cherchant leur nourriture: **6:** (Gen 16:12) Il sera comme un ----- sauvage; sa main sera: (Jug 14:20) de ses compagnons, avec lequel il était -----: (2Ch 25:8) Dieu a le pouvoir d'----- et de faire tomber: **7:** (Gen 9:10) tous ceux qui sont ----- de l'arche: (Ex 4:31) l'Éternel avait ----- les enfants d'Israël: **8:** (Gen 7:7) Et Noé ----- dans l'arche avec ses fils: (Ex 23:27) ferai tourner le ----- devant toi à tous: (Gen 37:34) il mit un ----- sur ses reins, et il porta: **9:** (1R 2:8) le jour où j'----- à Mahanaïm: (Joë 2:18) L'Éternel est ----- de jalousie pour son pays: **10:** (1Ch 27:26) -----, fils de Kelub, sur les ouvriers: (1Ch 8:37) son fils; Eleasa, son fils; -----, son fils: **11:** (Gen 35:11) de toi, et des rois sortiront de tes -----: (Gen 46:21) Guéra, Naaman, -----, Rosch, Muppim, Huppim e: (Gen 12:16) des boeufs, des -----, des serviteurs: **12:** (Gen 41:25) à Pharaon:Ce qu'a ----- Pharaon est une seule: (Gen 14:14) et il poursuivit les rois jusqu'à -----: (Joë 3:13) la moisson est -----! Venez, foulez, Car le: **13:** (1Ch 5:13) Schéba, Joraï, Jaecan, Zia et -----, sept: (Gen 5:3) de cent trente -----, engendra un fils: (Jos 15:50) Anab, Eschthemo, -----

VERTICALEMENT A: (Gen 4:19) nom de l'une était -----, et le nom de l'autre: (Mi 1:16) ------toi, coupe ta chevelure: (Ps 55:3) et réponds-moi! J'----- çà et là: **B:** (Gen 1:10) des eaux mers. Dieu vit que cela était -----: (Mat 21:2) attachée, et un ----- avec elle; détachez-les: (Jug 7:25) de Madian, Oreb et -----; ils tuèrent Oreb: **C:** (1Ch 15:18) ordre:Zacharie, -----, Jaaziel, Schemiramoth: (Gen 25:32) mourir; à quoi me ----- ce droit d'aînesse?: (Mar 5:21) regagna l'autre -----, où une grande foule: **D:** (Gen 17:17) cent ans? et Sara, ----- de quatre-vingt-dix: (Jér 15:3) chiens pour les -----, Les oiseaux du ciel: **E:** (2Co 6:15) entre Christ et -----? ou quelle part a le: **F:** (Gen 21:33) Abraham planta des ----- à Beer-Schéba; et là: (1Ch 4:21) Er, père de Léca, -----, père de Marescha: **G:** (Deu 23:1) été écrasés ou l'----- coupé n'entrera point: (Nom 16:1) se révolta avec ----- et Abiram, fils d'Eliab: **H:** (Act 9:11) la maison de Judas, un nommé Saul de -----: (Jos 9:16) étaient leurs -----, et qu'ils habitaient: **I:** (Mat 21:19) jamais fruit ne ----- de toi! Et à l'instant: **J:** (És 51:9) pas toi qui ----- l'Egypte, Qui transperças le: (Mat 27:46) d'une voix forte:Eli, Eli, ----- sabachthani?: **K:** (Ex 15:23) C'est pourquoi ce lieu fut appelé -----: (Deu 9:28) nous as fait sortir ne -----: (Ex 33:11) Josué, fils de -----, ne sortait pas du milieu: **L:** (1Ch 2:7) Fils de Carmi:-----, qui troubla Israël: (Jug 15:8) se retira dans la caverne du rocher d'-----: (Gen 46:16) Haggi, Schuni, Etsbon, -----, Arodi et Areéli: **M:** (És 25:10) la paille est foulée dans une ----- à fumier: (Lév 4:3) ayant ----- l'onction qui a péché et a rendu: (Gen 5:32) cinq cents ans, engendra -----, Cham et Japhet

Mots croisés N° 61

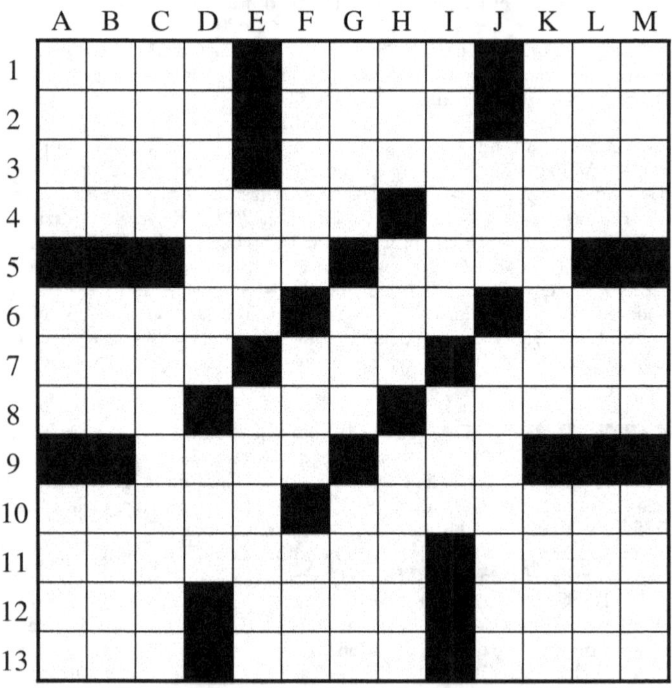

HORIZONTALEMENT 1: (Jos 19:35) étaient:Tsiddim, -----, Hammath, Rakkath: (Ex 16:16) sa nourriture, un ----- par tête, suivant le: (Ru 4:19) engendra Ram; ----- engendra Amminadab: **2:** (Héb 6:19) ancre de l'âme, ----- et solide; elle pénètre: (Gen 3:15) t'écrasera la -----, et tu lui blesseras le: (Joë 2:18) L'Éternel est ----- de jalousie pour son pays: **3:** (Deu 29:5) ne se sont point ----- sur toi, et ton soulier: (Jér 44:3) en allant ----- et servir d'autres dieux: **4:** (Jos 9:4) eurent ----- à la ruse, et se mirent en route: (2Sa 1:23) aigles, Ils étaient plus forts que les -----: **5:** (Gen 29:16) s'appelait -----, et la cadette Rachel: (Jos 18:4) pays, traceront un ----- en vue du partage: **6:** (Jos 19:27) Neïel, et se prolongeait vers -----, à gauche: (90:11) courroux, selon la crainte qui t'est -----?: (Ex 33:11) Josué, fils de -----, ne sortait pas du milieu: **7:** (Lév 9:3) un veau et un agneau, ----- d'un an: (Nom 11:8) il la cuisait au -----, et en faisait: (Gen 9:26) Il dit encore:----- soit l'Éternel: **8:** (1Ch 15:18) ordre:Zacharie, -----, Jaaziel, Schemiramoth: (2Sa 11:11) campent en ----- campagne, et moi j'entrerais: (Pro 12:4) qui fait honte est comme la ----- dans ses os: **9:** (Dan 6:18) passa la nuit à -----, il ne fit point venir: (Gen 31:34) avait mis sous le ----- du chameau, et s'était: **10:** (2R 19:23) de mes chars, J'ai ----- le sommet: (Job 9:9) Pléiades, Et les étoiles des régions -----: **11:** (Lév 11:4) pas de ceux qui ----- seulement, ou qui ont la: (2Ch 26:7) Dieu l'----- contre les Philistins: **12:** (Gen 18:21) je verrai s'ils ont ----- entièrement: (2Sa 8:18) les fils de David étaient ministres d'-----: (Gen 36:43) Magdiel, le chef -----. Ce sont là les chefs: **13:** (Ex 16:1) au désert de -----, qui est entre Elim: (2Sa 8:1) des Philistins les ----- de leur capitale: (2Pi 2:13) plein jour; hommes ----- et souillés

VERTICALEMENT A: (Os 13:21) Evi, Rékem, -----, Hur et Réba, princes: (2R 6:25) et le quart d'un ----- de fiente de pigeon: (Gen 41:5) Voici, sept épis ----- et beaux montèrent: **B:** (Esd 4:9) de Babylone, de -----, de Déha, d'Elam: (Gen 17:12) A l'----- de huit jours, tout mâle parmi vous: (Ps 74:4) adversaires ont ----- au milieu de ton temple: **C:** (Gen 10:10) sur Babel, -----, Accad et Calné, au pays: (Gen 35:18) nom de Ben-Oni; mais le père l'appela -----: **D:** (Néh 5:7) Je ----- de faire des réprimandes aux grands: (Nom 31:8) tous les autres, -----, Rékem, Tsur, Hur: **E:** (Esd 10:34) des fils de Bani, Maadaï, Amram, -----: (2Sa 20:20) loin de moi la pensée de détruire et de -----!: **F:** (Lév 1:16) Il ----- le jabot avec ses plumes: (1Sa 15:27) le saisit par le ----- de son manteau: (Gen 8:22) et la chaleur, l'----- et l'hiver: **G:** (Rom 9:1) en Christ, je ne ----- point, ma conscience: (Ex 23:27) ferai tourner le ----- devant toi à tous: (Néh 10:26) Achija, Hanan, -----: **H:** (Esd 4:10) et autres lieux de ce côté du fleuve, -----: (Gen 41:8) songes. Mais personne ne ----- les expliquer: (Job 7:20) me mettre en ----- à tes traits? Pourquoi: **I:** (Col 2:23) cela est sans valeur ----- et ne sert: (Ex 21:19) puni, dans le ----- où l'autre viendrait à se: **J:** (Mat 26:70) Mais il le ----- devant tous, disant: (Jug 6:11) Gédéon, son fils, ----- du froment: **K:** (2Ch 13:12) pour les faire ----- contre vous. Enfants: (Gen 21:6) de rire; quiconque l'apprendra ----- de moi: **L:** (Nom 5:22) la cuisse! Et la femme nom dira:-----! Amen!: (És 19:24) sera, lui troisième, ----- à l'Egypte: (Esd 6:15) jour du mois d'-----, dans la sixième année: **M:** (Gen 40:10) et ses grappes donnèrent des raisins -----: (1Jn 2:22) l'Antéchrist, qui ----- le Père et le Fils: (Ex 28:36) Tu feras une ----- d'or pur, et tu y graveras

Mots croisés N° 62

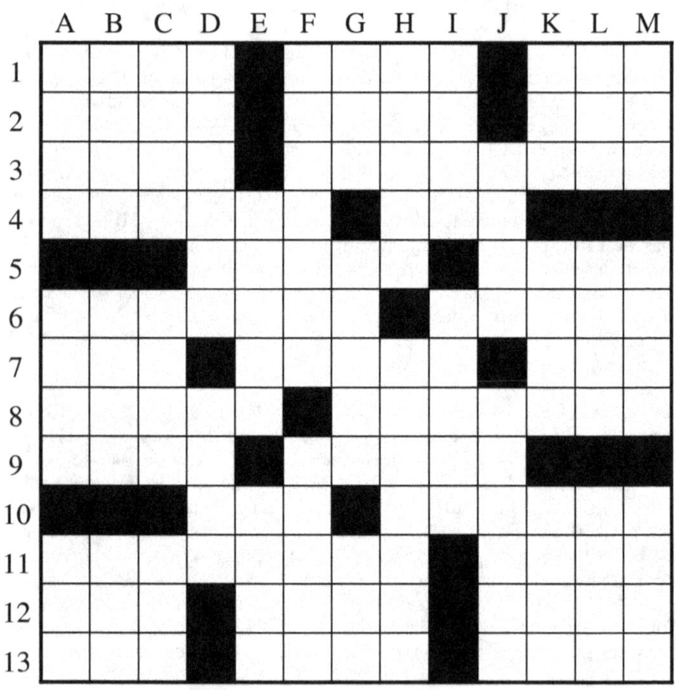

HORIZONTALEMENT 1: (Lév 11:7) mangerez pas le -----, qui a la corne fendue: (Gen 41:5) gras et beaux montèrent sur une même -----: (Gen 10:23) Les fils d'Aram:-----, Hul, Guéter et Masch: **2:** (Gen 14:13) et frère d'-----, qui avaient fait alliance: (Jos 15:52) -----, Duma, Eschean: (Gen 19:2) nous passerons la nuit dans la -----: **3:** (2Sa 13:33) donc point dans l'----- que tous les fils: (Rom 15:27) aussi les assister dans les choses -----: **4:** (1R 13:29) Le prophète ----- le cadavre de l'homme: (Gen 46:16) Haggi, Schuni, Etsbon, -----, Arodi et Areéli: **5:** (Gen 20:13) Dieu me fit ----- loin de la maison: (1R 7:33) jantes, leurs ----- et leurs moyeux, tout: **6:** (Éz 16:6) Je ----- près de toi, je t'aperçus baignée: (Ex 25:23) Tu feras une ----- de bois d'acacia: **7:** (Gen 17:12) A l'----- de huit jours, tout mâle parmi vous: (Gen 36:16) Ce sont là les chefs ----- d'Eliphaz: (Gen 14:14) et il poursuivit les rois jusqu'à -----: **8:** (Gen 1:11) la verdure, de l'----- portant de la semence: (Rom 15:18) Car je n'----- pas mentionner aucune chose: **9:** (Deu 23:2) Celui qui est ----- d'une union illicite: (Gen 4:2) Elle enfanta encore son ----- Abel. Abel fut: **10:** (1Ch 7:7) Jerimoth et -----, cinq chefs des maisons: (Gen 10:3) fils de Gomer:Aschkenaz, ----- et Togarma: **11:** (Ex 12:15) maisons; car toute ----- qui mangera du pain: (1Pi 5:8) le diable, ----- comme un lion rugissant: **12:** (Esd 2:57) fils de Pokéreth-Hatsebaïm, les fils d'-----: (Gen 49:9) couche comme un -----, Comme une lionne:qui: (Gen 36:43) Magdiel, le chef -----. Ce sont là les chefs: **13:** (Gen 2:25) étaient tous deux -----, et ils n'en avaient: (2Sa 8:18) les fils de David étaient ministres d'-----: (2Sa 3:26) la citerne de -----:David n'en savait rien

VERTICALEMENT A: (Job 34:8) le mal, Cheminant de ----- avec les impies?: (1Ch 1:50) de sa ville était -----; et le nom de sa femme: (1Sa 15:27) le saisit par le ----- de son manteau: **B:** (Ps 93:3) fleuves élèvent leurs ----- retentissantes: (Lév 9:3) un veau et un agneau, ----- d'un an: (Joë 2:18) L'Éternel est ----- de jalousie pour son pays: **C:** (Act 12:9) par l'ange était -----, et s'imaginant avoir: (Gen 27:25) Isaac dit:------moi, et que je mange: (Ps 59:9) Éternel, tu te ----- d'eux, Tu te moques: **D:** (Deu 26:19) les nations qu'il a ----- la supériorité: (És 41:19) Le cyprès, l'orme et le -----, tous ensemble: **E:** (Deu 13:14) soin. La chose est-elle -----, le fait est-il: (2Sa 24:9) Joab remit au roi le ----- du dénombrement: **F:** (Gen 21:33) Abraham planta des ----- à Beer-Schéba; et là: (Pro 23:32) Il ----- par mordre comme un serpent: **G:** (2Sa 20:26) et ----- de Jaïr était ministre d'Etat: (Job 16:18) Et que mes cris prennent librement leur -----!: (Nom 26:33) Machla, -----, Hogla, Milca et Thirsta: **H:** (Jér 13:7) la ceinture était -----, elle n'était plus: (Néh 9:21) vêtements ne s'----- point, et leurs pieds: **I:** (1Ch 5:13) Schéba, Joraï, Jaecan, Zia et -----, sept: (1Ch 25:3) Guedalia, -----, Esaïe, Haschabia, Matthithia: **J:** (Gen 21:6) de rire; quiconque l'apprendra ----- de moi: (Est 8:2) qu'il avait ----- à Haman, et le donna: **K:** (Ex 31:2) Betsaleel, fils d'-----, fils de Hur: (1R 4:6) et Adoniram, fils d'-----, était préposé: (Gen 36:22) de Lothan furent:----- et Hémam: **L:** (Gen 4:15) que quiconque le trouverait ne le ----- point: (1Ch 11:29) Sibbecaï, le Huschatite. -----, d'Achoach: (Esd 6:15) jour du mois d'-----, dans la sixième année: **M:** (Gen 19:26) arrière, et elle devint une statue de -----: (Deu 32:28) a perdu le bon -----, Et il n'y a point en eux: (1Ch 1:30) Mischma, Duma, Massa, Hadad, -----

Mots croisés N° 63

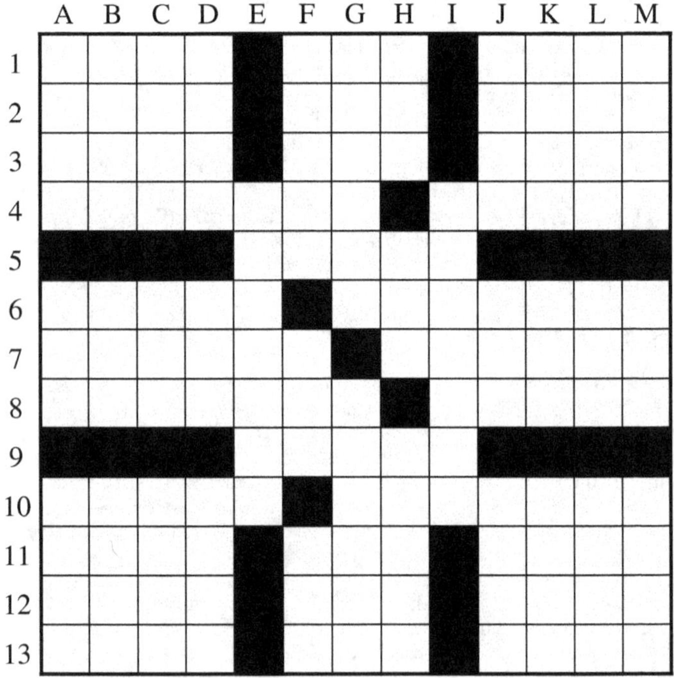

HORIZONTALEMENT 1: (1Sa 8:2) se nommait -----, et le second Abija: (Gen 49:25) des eaux en -----, Des bénédictions: (E x 12:9) le mangerez point à ----- cuit et bouilli: **2:** (Jos 14:15) Kirjath-Arba:----- avait été l'homme le plus: (Gen 18:21) je verrai s'ils ont ----- entièrement: (Gen 38:4) et enfanta un fils, qu'elle appela -----: **3:** (Jos 15:26) -----, Schema, Molada: (Gen 4:8) Caïn se jeta sur son frère Abel, et le -----: (Ps 44:24) Pourquoi ------tu, Seigneur? Réveille-toi!: **4:** (Ex 8:11) qu'il y avait du -----, endurcit son coeur: (Nom 11:12) E st-ce moi qui ai ----- ce peuple? est-ce moi: **5:** (Nom 24:17) mais non de près. Un ----- sort de Jacob: **6:** (Gen 36:39) d'Acbor, mourut et ----- régna à sa place: (Ex 22:2) Si le voleur est ----- dérobant: **7:** (1Ti 3:3) qu'il ne soit ni ----- au vin, ni violent: (Am 5:26) de vos idoles, L'----- de votre Dieu Que vous: **8:** (Jos 19:11) montait à l'occident vers -----, et touchait: (1Ch 8:37) son fils; Eleasa, son fils; -----, son fils: **9:** (2Ch 16:14) sur un lit qu'on avait ----- d'aromates: **10:** (Ex 4:2) a-t-il dans ta main? Il répondit:Une -----: (Mat 18:8) dans la vie boiteux ou -----, que d'avoir deux: **11:** (1Ch 11:29) Sibbecaï, le Huschatite. -----, d'Achoach: (1Ch 5:4) son fils; -----, son fils; Schimeï, son fils: (1Ch 5:26) à Chabor, à -----, et au fleuve de Gozan: **12:** (1R 18:27) peut-être qu'il -----, et il se réveillera: (Gen 16:12) Il sera comme un ----- sauvage; sa main sera. (1Ch 4:4) père de Guedor, et ----- père de Huscha: **13:** (Act 9:33) un homme nommé -----, couché sur un lit depuis: (Gen 12:13) -----, je te prie, que tu es ma soeur: (Ex 28:4) un éphod, une -----, une tunique brodée

VERTICALEMENT A: (Ps 132:6) Nous la trouvâmes dans les champs de -----: (Gen 14:5) les Zuzim à -----, les E mim: (Gen 1:2) terre était informe et -----; il y avait: **B:** (És 41:19) Le cyprès, l'----- et le buis, tous ensemble: (Gen 4:19) nom de l'une était -----, et le nom de l'autre: (Gen 26:34) et Basmath, fille d'-----, le Héthien: **C:** (Gen 36:23) Alvan, Manahath, -----, Schepho et Onam: (Jos 11:2) et sur les hauteurs de ----- à l'occident: (1Sa 3:1) de l'Éternel était ----- en ce temps-là: **D:** (Mat 27:46) d'une voix forte:Eli, Eli, ----- sabachthani?: (Gen 16:12) Il sera comme un ----- sauvage; sa main sera: (És 11:7) petits un même -----; Et le lion: **E:** (Gen 49:9) Tu reviens du -----, mon fils! Il ploie: **F:** (1R 7:26) fleur de lis. Elle contenait deux mille -----: (Gen 36:41) chef Oholibama, le chef -----, le chef Pinon: (Gen 30:11) bonheur! Et elle l'appela du nom de -----: **G:** (Ps 10:9) Il est aux ----- dans sa retraite: (2Sa 21:8) enfantés à Saül, ----- et Mephiboscheth: **H:** (Néh 7:47) Kéros, les fils de -----, les fils de Padon: (Gen 19:2) nous passerons la nuit dans la -----: (Éz 32:6) le pays où tu -----, Jusqu'aux montagnes: **I:** (E x 33:16) sera-t-il donc ----- que j'ai trouvé grâce: **J:** (Jug 10:1) de Pua, fils de -----, homme d'Issacar: (Nom 11:8) il la cuisait au -----, et en faisait: (Job 20:20) ne sauvera pas ce qu'il avait de plus -----: **K:** (Jn 3:23) aussi baptisait à -----, près de Salim: (Ps 59:9) Éternel, tu te ----- d'eux, Tu te moques: (Gen 22:22) Késed, -----, Pildasch, Jidlaph et Bethuel: **L:** (Act 12:12) mère de Jean, surnommé -----, où beaucoup: (Jér 47:4) Philistins, Les restes de l'----- de Caphtor: (Jug 7:25) chefs de Madian, ----- et Zeeb; ils tuèrent: **M:** (Ps 35:15) s'assemblent à mon ----- pour m'outrager, Ils: (Gen 19:26) arrière, et elle devint une statue de -----: (2Pi 2:13) plein jour; hommes ----- et souillés

Mots croisés N° 64

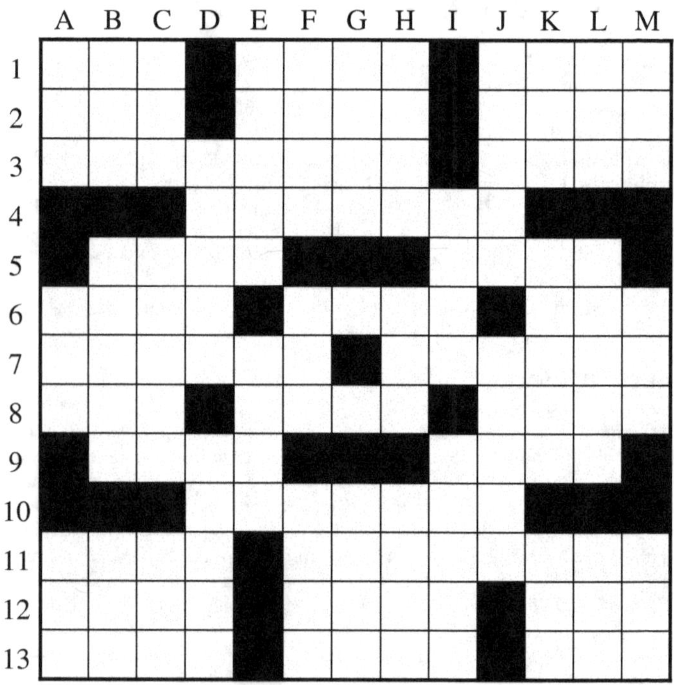

HORIZONTALEMENT 1: (Gen 16:12) Il sera comme un ----- sauvage; sa main sera: (Jos 19:35) étaient:Tsiddim, -----, Hammath, Rakkath: (1Sa 30:22) hommes méchants et ----- parmi les gens: **2:** (1R 6:38) année, au mois de -----, qui est le huitième: (Gen 10:7) fils de Cusch:-----, Havila, Sabta, Raema: (2R 15:25) de même qu'Argob et -----; il avait avec lui: **3:** (Job 15:3) Est-ce par d'----- propos qu'il se défend?: (1Ch 4:15) Iru, Ela et -----, et les fils d'Ela: **4:** (Nom 12:4) ----- l'Éternel dit à Moïse, à Aaron: **5:** (Mat 1:13) engendra Eliakim; Eliakim engendra -----: (Jug 16:9) d'étoupe quand il ----- le feu: **6:** (Gen 38:5) Juda était à ----- quand elle l'enfanta: (Jér 4:1) dit l'Éternel, Si tu ----- tes abominations: (2Sa 3:11) Isch-Boscheth n'----- pas répliquer un seul: **7:** (Job 19:19) Ceux que j'----- se sont tournés contre moi: (2Co 7:5) de toute manière:----- au-dehors, craintes: **8:** (Gen 5:32) cinq cents ans, engendra -----, Cham et Japhet: (1Ch 2:6) Ethan, Héman, Calcol et -----. En tout:cinq: (Jug 1:36) montée d'Akrabbim, depuis -----, et en dessus: **9:** (Jug 7:5) avec la langue comme ----- le chien: (Gen 14:2) la guerre à -----, roi de Sodome, à Birscha: **10:** (2R 24:20) qu'il voulait ----- de devant sa face: **11:** (Luc 3:27) Zorobabel, fils de Salathiel, fils de -----: (Act 28:11) et qui portait pour ----- les Dioscures: **12:** (Ps 77:17) elles ont tremblé; Les abîmes se sont -----: (Pro 5:12) donc ai-je pu ----- la correction, Et comment: (Esd 10:34) des fils de Bani, Maadai, Amram, -----: **13:** (Nom 25:15) La femme qui fut -----, la Madianite: (1Ch 15:18) Jehiel, -----, Eliab, Benaja, Maaséja: (Gen 46:16) Haggi, Schuni, Etsbon, -----, Arodi et Areéli

VERTICALEMENT A: (2R 18:2) Sa mère s'appelait -----, fille de Zacharie: (Ex 21:19) puni, dans le ----- où l'autre viendrait à se: (Job 33:9) péché, Je suis -----, il n'y a point en moi: **B:** (Ex 33:11) Josué, fils de -----, ne sortait pas du milieu: (1Ch 15:20) Zacharie, -----, Schemiramoth, Jehiel, Unni: (Joë 2:18) L'Éternel est ----- de jalousie pour son pays: **C:** (2Sa 21:6) à Guibea de Saül, l'----- de l'Éternel: (1Ch 6:20) son fils; Jachath, son fils; -----, son fils: (Gen 19:2) nous passerons la nuit dans la -----: **D:** (1Sa 14:47) Edom, aux rois de -----, et aux Philistins: (1Sa 4:19) la nouvelle de la ----- de l'arche de Dieu: **E:** (Jos 15:54) est Hébron, et -----; neuf villes: (2Sa 13:33) donc point dans l'----- que tous les fils: **F:** (Nom 25:14) Zimri, fils de -----; il était chef: (2Sa 3:11) Isch-Boscheth n'----- pas répliquer un seul: (1R 16:1) ainsi adressée à -----, fils de Hanani: **G:** (Jug 9:26) Gaal, fils d'-----, vint avec ses frères: (Nom 1:15) pour Nephthali:Ahira, fils d'-----: **H:** (Gen 41:14) de prison. Il se -----, changea de vêtements: (Gen 36:41) chef Oholibama, le chef -----, le chef Pinon: (Nom 13:21) le désert de ----- jusqu'à Rehob: **I:** (Deu 23:2) Celui qui est ----- d'une union illicite: (Gen 26:34) femmes Judith, fille de -----, le Héthien: **J:** (Jér 15:7) Je les ----- avec le vent aux portes du pays: (1Ch 25:3) Guedalia, -----, Ésaïe, Haschabia, Matthithia: **K:** (2Sa 20:26) et ----- de Jaïr était ministre d'Etat: (2Th 3:14) par cette lettre, ------le, et n'ayez point: (Gen 32:22) ses onze enfants, et passa le ----- de Jabbok: **L:** (Gen 22:9) rangea le bois. Il ----- son fils Isaac: (Jos 18:28) -----, Eleph, Jébus, qui est Jérusalem: (1Sa 14:50) était Abner, fils de -----, oncle de Saül: **M:** (Gen 5:32) cinq cents ans, engendra -----, Cham et Japhet: (1R 15:8) ville de David. Et -----, son fils: (1Sa 1:3) les deux fils d'-----, Hophni et Phinées

2

SOLUTIONS

Solutions 1-8

1

```
BLE  RAMA  HENA
UEL  EBER  ELOI
LAISSANT  LAEL
   ATTESTE
 MENE    AMOS
DENT ACAR  TUE
INTERROGERENT
NER  ETRE  EREC
  RARE   AMAM
   ALLONGE
EREC AMERTUME
LAVE MERE  RAT
USES ARIE  ILE
```

2

```
LOT  FARD  TSER
ASA  OTEE  SARA
CASLUHIM  ILES
   ARA  ENLACE
BANC  DEUEL
ABUSE  CRIATES
LUE  PAREE  IRA
ASSOUVI  LEGER
   CREEE  LECA
PLACER  CRU
AIGU  TELASSAR
LOUP  IRAM  EMU
ENEE  RITE  ILE
```

3

```
NIDS  PURA  ELA
ELOI  ONAM  NOM
SEUL  TIGE  AGE
  LOT  ANIMER
OTE  ACTUEL
IRU  SUR  EBAL
NORD  NID  SIRA
SUSE  BON  LIE
  CREUSE  SEL
REGAIN  ARC
AMI  BAIN  OHAD
SUT  LIRE  MARA
ETE  AMIE  ENAN
```

4

```
DAIM  ISSU  OSA
IMRI  SECS  HOR
SEUL  ACHEVAIT
   IRI  ARIDES
SOUCI  ERAN
ETRE  PLAISAIS
NE  PEOR  BLE
ERRERAI  LABAN
   POU  VOLAIT
DEPIT  SOIT
AGREERAI  EBAL
ILE  GALE  RUGI
MAT  EMUS  ELIE
```

5

```
ETE  ETC  CLE
BEL  ABORD  HIN
AMI  DEBIR  ETE
LAEDAN  OURSE
   AMENAIS
DANNA  INTERET
IRI  AGE  IRU
SCEPTRE  PETIT
   ASAREEL
MASSA  GRILLE
EVE  ISAAC  AIL
REI  REGLA  IRA
SUR  ILE  SEM
```

6

```
HEN  PAIN  PEAU
IRU  ANNE  AMIS
NINIVITE  LIRE
   SEME  LAMES
DUMA  ALLAI
ENAIM  LASSENT
NIA  AVISE  NOE
TSIKLAG  ECART
   AINES  INDE
PEPIN  NUEE
ANON  ETABLIRA
RASA  LEVE  LIN
AMEN  ASER  ETE
```

7

```
SOIR  OBAL  CEP
INSU  TARI  ELU
NAAM  AIME  LIA
ANIAM  SANTE
   ELA  SUBIS
REVENU  ERRE
EXILEE  PIREAM
BILE  AMARIA
ALLAI  GUR
   ADDAR  IVRES
GOG  ONAM  ROLE
ANE  LAVA  ANIM
DOS  EBAL  IDEE
```

8

```
ERRE  TROU  NES
SEIN  RASE  ELA
LIRA  AMAL  BON
INANIME  BONS
   REUNIE
ARODI  REBELLE
NATION  ETROIT
ETERNEL  SAINE
   ESTIMA
IREZ  BANDEES
RIT  HIEL  ABDA
ARA  ERRE  REEL
MAT  NUES  ADNA
```

Solutions 9-16

9

```
SUIS CEDE ARA
ALLA OTER FOI
PLAN SALA FIL
HAIT  BINEA
   ECOLE MICA
LUD USE BURIN
AZAZIA ALTERE
MALES FIE SEM
AIME SENSE
  ABETS VERS
LIT DATE ELIE
IRI EDIT IOTA
NUE RENE LIEU
```

10

```
HOR PILE VOIT
ANE ELON ADMA
MOT LENT NERI
  ARA GRANDIT
ARBA   AME
CULTE EVE RAM
AGI MELEA AMI
NIE EVI DEMON
   DUE  RASE
REBATIS RIS
ARAR LOGE SON
IRAD LION ETE
SELA ANGE RAS
```

11

```
ABDA SIN HARA
LOIN ERI EMUS
JONC NUE TIGE
AZARIA  SEIR
   FTABLIR
COUSU AUMONES
USE RAIDI ELU
BELIERS TARIR
  DECEDER
BEAU  ARMEES
ANIM HAM ORGE
SAGE OSA ARAB
EMUE DAN BELA
```

12

```
EREC TORT OSE
NEBO ANES BUL
OBAL NOCE ERI
SALLAI AROD
   EDEN  TEMA
TON ARA HADID
ADA DEPLU OSA
REGNA PUR MER
IDEE  ETAM
  ORPA TIENNE
ABI UZZA CUIR
MER COIN HIER
ILE ETAT ETRE
```

13

```
MERS ENAM AIL
ETAT DECA URI
ACSA OBAL TON
  DIMON SANG
VASES  HONTE
AGE REVEIL
NIL AMOTS VER
  MEULES ILE
NABAL  ENFUI
EDIT HASRA
AIN LIRE HENA
NEE ENAM URIM
TUA ASNA MIDI
```

14

```
NIL SABA MOAB
URI OMER AMIE
NUS CORS LENT
  AGONIE CREE
JAIR   NIA
AGEES CALMERA
DAN ECOLE MUR
ARTEMAS SEMEI
   VAN  RASE
ARNI DEMAIN
GOUT ANEM UEL
ENEE CANA ELA
EDER EMIM ILS
```

15

```
ARC ELAM EMUT
MAL LOGE LIRE
ETE ONAN EDIT
  MAIGRE AIME
ILES   RAS
SINAI BALADAN
SEC DEUIL AME
USERENT ALLER
   UEL  IMRI
AGAG ETONNA
MAKI VETU TAS
ADAR ENEE IRA
SINA RUES ETC
```

16

```
DEFI AME PLAT
OTES BEL AINE
SERS ETUDIENT
   UEL ANNEE
EPHER MET
LEA ICONE ARA
URI LIE GUR
LIE HESED AGI
   USE ORGIE
NAOMI  CRI
ARRETERA BANI
AMER LIN ANER
MENE ASA ISAI
```

Solutions 17-24

17

```
NUN  DIRA   EMU
ELA  IRAM   LORS
ELI  GITE   ARIE
SATAN     ETSEM
   BEALOTH
VEND  RARE  BLE
ELOI  PIN  DAIM
RUE  FADE  ISSU
   VIDERAS
APPEL    LEGAL
NIER  SOCO  AGI
SERT  OSEE  DUE
DIS  CEPS  IRU
```

18

```
BRULA    RIBAI
RANIMA  MARINS
IMITEZ  ASILES
NES  NACRE  EMU
   MENACE
MAGASIN  SENIR
AGUR  ADA  NERI
LIRAI  APPARUS
   RACHAM
ACAR  REEL  OSA
DIRONT  KAINAN
ARABES  AIRAIN
REMET    SANTE
```

19

```
EGLA  OBAL  HAM
PRES  PURA  URI
HINS  ELAM  RAS
ALTIER  DEHA
   DRAP  OMER
INJURIE  TRAME
DUE  ETATS  BUT
DESIR  GUERIES
OEIL   ERRE
   METS  BINNUI
UNI  SARA  TEND
TUE  ELON  RENE
SEL  RAIS  ASIE
```

20

```
URI  ETE  RASA
LAS  LENT  AGUR
ASA  INFORMERA
MAIN  DURE
   ECRITS  SOU
EGAREES  OMERS
CRIES   LINGE
HANES  POUSSEZ
USE  AVORTE
   NORD  SELA
CONSTITUE  DAN
ASIE  SERT  EVE
BAAL  SEC  NER
```

21

```
FEND  REHU  LAC
ELOI  ELON  ONO
VOIR  MARIAGES
ENROLE  ETC
   NADAB  SACS
LAISSER  SAURA
ONO  ESAIE  BEN
BATIE  BRODEES
EBAL  CARIE
   AIR  IRRITA
NAZIREAT  OREB
ERI  AMIE  BETE
ADA  MENS  EZEL
```

22

```
ANE  CHEF  PARU
COS  RAME  LIES
SIA  EMUT  ARIE
ARUMA  EPI
   AIDA  ITHAI
CIEL  EGAL  ONO
ART  IMAGE  RAT
NER  RITE  ZINA
AZEKA  ESLI
   AIN  AVISE
OHAD  ANAB  LIT
SEME  AIMA  ELA
ANES  MAIN  SOT
```

23

```
MUR  SAIT  ADAR
ILE  TIRE  POSA
ELCHANAN  ANIM
LAHAD  DIVISEE
   AMEN  RIS
CAB  SEM  FENDS
OBIL  RAS  ROUE
RIAIT  LIA  BEC
   VUS  AMAL
AZAREEL  ANETH
RAME  BASSESSE
CREE  AMIS  SEL
SANS  MENE  ERI
```

24

```
CUVE  EBAL  ANS
UNIT  PUNI  SIA
INDE  ILES  SEC
TIENNE  RENE
   DORS  ORME
JEREMAI  SAVEZ
OSA  MILET  ILE
REMUE  ADAPTER
AKAN  SODI
   SINA  MERAJA
CAS  ACHI  ENON
ERI  GOUT  AGUE
PAS  ERRE  MERS
```

Solutions 25-32

25

```
ANIM  DEHA   AME
DARA  ELAM   BEL
AGAR  PURIFI AI
RESIDE ASA
     ERRER  RAMA
ASSEOIR  ADMIN
VIE  IRIEZ  ANE
VOMIT GLISSER
ANAN  HELEA
     DUE  ALLEES
REBELLES  ORME
ARA  LAVA   MAUX
MIT  AMER   ENEE
```

26

```
ELAM  OTE   FORT
LOUA  SON   OTER
ATTIRENT  NEBO
   OSA   RIDEAU
ESROM  MELE
GAIN  LAVERONT
LIT  AIGUS  COU
ANEANTIE  PUCE
   HAIE  VOLEE
RACINE   IRA
ANIM  REVETIRA
SEMA  EVI  ERAN
AMEN  SEL  RETS
```

27

```
HUL  RAME   REHU
IRA  ANEM   ELON
NIE  ISAI   GADI
SELED  MAL
    PEOR  GAGNA
NERI  BEAU  AIR
EHI  HEURE  LEA
BUT  ADNA   PERD
ODEUR  IMRI
    RAS  ACHAT
BENI  EREC  OSE
ELUE  RUMA  SEM
CIEL  SEUL  ARA
```

28

```
TSER  NOD   CAIN
AINE  ETE   ARNI
SAUVERAS  LISE
   MER  TUMEUR
TSERI  LISE
AIRS  CITERNES
ILE  TROUS  ANE
SOSTHENE  GREC
   SOUS  FACES
PAROIS   ELI
ACOR  EMBRASSA
RAME  NEA   ASER
CREA  TAS   DECA
```

29

```
ANGE  RECA   POT
REEL  ONAM   LUE
ARNI  MESURAIT
DISSIPE  SACRE
   CRU  SEME
ABIHU  COR  RAS
MENA  SOL   RAGE
ELI  COU   NEIEL
   MORT  VIE
ADINA  AILLENT
CITOYENS  AMAS
AMI  ORGE   JUGE
NEE  NIER   ASER
```

30

```
RAM  ADMA   MERS
AMI  VUES   ULAI
CAS  IRAI   RASA
AMEAD  EHI
    BEER  ITHAI
TARI  LAME  ANS
AGE  RIVAL  ZIA
RIT  OEIL   VOMI
ETSEM  REHU
   MER   OEUFS
VENU  EDOM  LUE
ELIE  VISE   AIN
RUES  USER   MET
```

31

```
ELA  BACA   REVU
PAS  EDER   EPIE
HIN  CANA   CIEL
ASAPH  TROU
   REI   STADE
MAAI  ORPA  DIN
ARCS  TUA   ADMA
ROC  JAEL   BIEN
IDOLE  ELU
    OUIR  USANT
AGAG  RAVI  NEA
ROBE  ACOR   ERI
ABIA  MALE   MIS
```

32

```
LIA  JURA   MELE
ELI  IRAM   EMUT
CAS  MISE   NUEE
AIEUL  ANNE
   MARIEE   SEL
ARAM  ETRE   IRI
MICAEL  ASILES
OTA  LEVI   NOCE
NER  AVISES
   AMES  PUNIS
ULAM  RASE   AME
TEMA  AGUE   ARC
SAIS  SERS   MIS
```

Solutions 33-40

33

```
RECU   CAS   RASA
AMON   OSA   ANON
MURI   UNI   INDE
     EMPAN   SEIR
TISSEE   EPI
ERI   NEA   ANIMA
MAL   ESSOR   ROC
AMOUR   ARA   ADA
     RAT   GIBIER
ANUB   ROUTE
VOLA   AME   ELON
VRAI   CRI   RASE
ADIN   AIL   ASER
```

34

```
RECU   CAS   RASA
AMON   OSA   ANON
MURI   UNI   INDE
     EMPAN   SEIR
TISSEE   EPI
ERI   NEA   ANIMA
MAL   ESSOR   ROC
AMOUR   ARA   ADA
     RAT   GIBIER
ANUB   ROUTE
VOLA   AME   ELON
VRAI   CRI   RASE
ADIN   AIL   ASER
```

35

```
GOB   POT   MAON
UEL   JETE   AMIE
RUE   OTER   DONS
   FUTUR   MAINS
   URI   IRA
VERT   UNANIME
EVI   ANE   LUT
RETENTI   MERE
   LOT   LOI
   PAYEE   ETSER
DAIM   LAME   LUD
AIDA   EDER   AGI
NEES   SAC   MIT
```

36

```
PELA   DAN   ABIA
ULAI   IRI   MERS
AISE   SIEGERAI
     USEZ   ANIME
FALLU   AIDA
AMI   SUIS   ILES
CORAIL   ATTIRA
EKER   LAIS   ERI
     BAAL   ETRES
ABIUD   LORS
BARSABAS   IDDO
ETAT   LIE   BOIS
LISE   ETE   ASNA
```

37

```
FIL   ELAM   SABA
URI   NEBO   OMER
MAT   TAIT   LECA
ESSOR   SUD
   SEAU   TENUS
EMUE   BRAS   ILE
DAN   RIS   ELI
ERI   BIEN   ERAN
NATAL   LAEL
   REI   VAINE
ANAB   LEVI   LOG
NOIR   EMUT   AIL
SENE   SUSE   IRA
```

38

```
AME   HATA   PATE
NOM   ANEM   LION
ETUDIENT   AMIE
   ISSUS   TETE
ABAT   SEIRA
LOG   NES   ONCLE
LIERA   MELEZ
ASSUR   EVE   EVE
   IDOLE   ASER
BAIN   PINON
ANNE   HAUTEURS
CEDE   IDEE   SIA
AMES   RASE   ETC
```

39

```
SUCE   EVE   ARCS
ANON   LUT   VELU
RIRA   OSA   EBER
ATSMON   GIRAFE
   MIRENT
DAN   ETE   JIMLA
ONO   TENDU   AIR
NEANT   DOS   LEA
   ARGENT
RANGEA   NETSIB
EMUE   MEA   RENE
VOEU   URI   ONDE
EKER   LIS   USER
```

40

```
ART   JETE   CANA
SIA   ONAN   OBEI
ASSIRENT   MIEL
   LAEDA   BASE
SEMEI   ISAI
ARA   ASSIEGEA
BAISER   ENNEMI
ANNULONS   NUN
   RUDE   BASSE
DRAP   ABRI
OUIR   CROIRAIS
DEMI   OINS   IRU
OSES   RASA   LIT
```

Solutions 41-48

41

```
GUES  ANER  UNI
REVE  BERI  NIL
ELIM  RAIS  NEE
   EPI    SOIRS
AGREA   PAN
IRI  REVU  ONAM
MAT  ELEVA  EVE
ESEK  IRAD  BEN
   ILE  INOUI
BAISA    ONO
ANS  VOEU  DARA
LEA  ESLI  ANIM
AMI  SEIR  BETE
```

42

```
ALLA  ABDA  COR
VUES  GAIN  OTA
VINS  RITE  MET
ATTIRES   SEM
    TUEE  RAMA
CEP  ERRE  ANUB
ELEASA  TONDRE
PURS  IRAS  AIL
SEIN  EBED
   SAC  FLEUVES
NES  HALI  RENE
EVE  AGEE  ELON
RIS  RETS  SUSE
```

43

```
FETE  AMEN  ASA
ARAN  ROBE  MUR
CAIN  OTER  ADA
ENTEND  NIDS
   MOISE  OSEE
BERIITE  ETEND
ANE  REMET  ROI
LAVES  ECRIANT
AMER  TIRER
   RIRA  ISRAEL
NID  ERRE  IMRI
ERI  EDEN  TARE
RIT  LAIT  AMES
```

44

```
LEVE  MAGE  UTS
AZOT  EDEN  SOU
MELE  RAREMENT
ELANCA  MEA
   DIBLA  RAMA
SUNEM  AIDERAS
ELA  ELITE  BON
MAGASIN  GLANA
AMEN  MEARA
   EPI  TEINTS
PASSATES  SEAU
UNI  REVE  SERS
LEA  URIM  ASIE
```

45

```
HIN  PIED  AMES
URI  ESLI  RAME
LADESSUS  VAIN
   PAU  AIME
SURE  SERED
ENEE  MOT  NIL
VIN  ASPIC  ERI
ETE  MEA  ABAT
   DIMNA  NOMS
ILAI    USE
RANG  RETOMBER
AMEN  ILAI  ELA
MARE  TINT  NUS
```

46

```
LOGE  DEMI  ASA
USER  EXIL  LAC
TEMA  VASE  JUS
   INTIME  SALA
NER  ANESSE
ONO  BEN  EMEUT
CANAL   LEPRE
ENTRE  SOL  HIN
   ASPIRE  EMU
GAIN  ESDRAS
ARD  ASER  LIRA
ANE  MERE  JEUN
LIE  IRAS  ANES
```

47

```
DINA  RANG  ELU
IREZ  ASER  LIS
TARI  GAZA  OSE
   ETE  VOIES
ONCLE   AIN
NEE  NERI  OBAL
ARD  USONS  AGI
NIER  LIEE  TUE
   ABI  ATHER
ERITE   PUA
MAL  TIRA  RASA
USE  ELOI  IRAD
TAS  SECS  RACA
```

48

```
NAIN  ENAM  VIT
AILE  NOGA  ARA
ADAR  NERI  NUS
MAIGRE  ENAN
   AIMEE  SEME
PARLAIT  SARID
AME  ISAAC  ANE
LACET  GLISSER
ELUL  GELEE
   RARE  ASPIRE
USE  ESLI  ARAN
TON  ETAT  RASA
SUT  LECA  AMEN
```

Solutions 49-56

49

```
DRAP  FADE  RAM
OUIR  RIEZ  UNI
RENE  ARRETEES
TSENAN   BLE
     DIGNE MALE
TRESSEE   ANAN
UEL  ESROM  EVE
EHUD   ENIVREE
SUSE   JEEDO
      HAI SIPPAI
SCHAMMAI  HAIS
URI  ANIM  SORS
DIN  MALE  INSU
```

50

```
PRET  FADE  MAL
AILE  OREB  AGI
IRAS  SAVANTES
RAMSES    ILE
      OPERE RUES
OTHNI  INSISTA
RUE  ELASA  ERI
MENERAI  RARES
ERAN  ITHAI
      ANS AIMENT
PROMISES  ENOS
LAS  DEMI  RACE
USE  SEUL  ANER
```

51

```
MEA  REBA  VOLA
ELI  OTER  AMER
RAREMENT  NECO
      BEN  IRAD
RAMA  DANNA
AMAL  NIE   LAS
COR  RENDE  ONO
ANE  AME   EBED
     EMUES DEMI
LIES      ETE
ARBA  INCONNUS
MAAI  REHU  ERI
AILE  ASER  AIN
```

52

```
MIDI  ROME  TOB
IRAS  OTER  ETE
SALA  HELI  MER
    MISERE MARI
ARA  EGAREE
NET  PAS  CREES
AVITH    RENDE
BEERA  OSA  TON
    ORDRES  AME
VETU  ENVERS
ILE  EBER  ESAU
SIN  PIRE  VENT
EMU  IRAS  USES
```

53

```
ARC  LECA  MAAI
MAL  ILES  AGIR
EMERAUDE  TENU
    INSERER
    ETAT   LIER
ELOI  ASNA  POU
TINTES  IMPOTS
CUN  BAAL  OUIE
DARA      LUXE
     ELIPHAL
VELU  RUINEREZ
ETAM  EREC  AMI
REGA  ZARA  TUA
```

54

```
LIEN  AJJA  CAB
ALLE  MAOC  EMU
MAAI  EMUT  NIL
AIMER  LIEES
     LOUER  LUNE
SIA  SEC  FORET
AMMIEL  PAIERA
BRULE  LUD  RIT
AILE  AI    ER
     ESPION ANAB
MET  UNNI  MORE
ART  RENE  PRIE
LIE  ASER  EDER
```

55

```
AIGU  RACE  CUB
IRAS  AGUR  OSA
MALE  SINA  NES
AMENDER   NOD
     TIRA  NUES
NIE  MOIS  ZINA
AVVIEN  OPERAI
ARAR  TOUR  ANS
MENA      IDEE
     OSA GASCHMU
PAU  BENI  LIEN
URI  BRIN  ARNI
RAT  AISE  TAIS
```

56

```
DIRA  ABAT  RAT
ARAN  MODE  EVE
NIDS  MIDI  VAN
NOD  LATIN  ELU
ANAJA     TETES
   SIECLES  NUE
     USERENT
   LUT  AIMERAS
PANSE    RAHAB
EVI  CANIF  ILE
LAS  OMER  AMOK
LIS  LECA  RAME
ETE  ENOS  ANER
```

Solutions 57-64

57

G	A	D			O	B	I	L			A	I	R	
O	N	O		N	E	R	I			C	R	I	N	
B	E	N	H	A	N	A	N			H	A	T	E	
		A	M	I						E	D	E	R	
E	L	U	L		R	E	V	E	T					
B	E	N	I			L	A	V	E	R	E	Z		
E	V	I		G	L	A	N	E			O	T	E	
R	A	S	E	R	A	S			E	B	A	L		
		C	E	S	A	R		B	E	T	E			
S	A	B	A				I	L	E					
O	M	E	R			O	C	C	I	D	E	N	T	
T	O	R	T		S	U	I	S		L	E	A		
N	I	E		A	N	N	E			U	T	S		

58

O	S	A		A	N	A	K			H	E	N	A	
T	O	B		R	U	G	I			O	M	E	R	
E	R	I		R	E	I	N		G	U	E	T		
E	S	A	I	E		S	A	U	L					
			O	T	E	S		Z	A	B	U	D		
P	R	E	T		B	E	L	A		A	S	A		
R	E	P	A	R	E		A	L	I	T	E	R		
E	H	I		I	D	E	E		R	I	R	A		
S	U	E	U	R		U	L	L	A					
			N	A	I	N		I	D	O	L	E		
N	E	R	I		R	I	V	E		N	O	D		
E	T	A	T		A	C	A	N		A	B	I		
A	C	T	E		M	E	N	S		M	E	T		

59

H	A	I	E		C	A	N	A			D	I	N	
A	I	R	S		O	S	E	R			I	R	U	
I	R	A	S		T	A	R	D	E	R	A	I		
		U	S	E			O	T	A	I	T			
E	G	A	Y	E		L	U	N	E					
M	A	M	E	L	L	E	S			S	U	R		
I	L	E	S		A	G	E		R	A	S	A		
M	E	R		M	A	R	I	A	G	E	S			
		B	A	A	L		L	I	E	R	A			
E	P	H	A	S		N	E	S						
R	U	I	S	S	E	A	U		I	L	E	S		
A	N	E		I	V	R	E		N	E	R	I		
N	I	L		S	E	C	S		S	A	I	N		

60

A	B	B	A		T	U	T			A	M	A	M	
D	O	E	G		A	R	A			B	A	C	A	
A	N	N	E		M	E	R			A	R	A	R	
			E	B	A	T	S		T	A	R	E		
R	A	S		E	R	R	E	N	T					
A	N	E		L	I	E		A	I	D	E	R		
S	O	R	T	I	S		V	I	S	I	T	E		
E	N	T	R	A		D	O	S		S	A	C		
		A	L	L	A	I	S			E	M	U		
E	Z	R	I		A	T	S	E	L					
R	E	I	N		E	H	I		A	N	E	S		
R	E	V	E		D	A	N		M	U	R	E		
E	B	E	R		A	N	S		A	N	I	M		

61

T	S	E	R		O	M	E	R			R	A	M	
S	U	R	E		T	E	T	E			E	M	U	
U	S	E	S		E	N	C	E	N	S	E	R		
R	E	C	O	U	R	S		L	I	O	N	S		
			L	E	A		P	L	A	N				
C	A	B	U	L		D	U	E		N	U	N		
A	G	E	S		P	O	T		B	E	N	I		
B	E	N		R	A	S		C	A	R	I	E		
		J	E	U	N		B	A	T					
G	R	A	V	I		A	U	S	T	R	A	L		
R	U	M	I	N	E	N	T		A	I	D	A		
A	G	I		E	T	A	T		I	R	A	M		
S	I	N		R	E	N	E		T	A	R	E		

62

P	O	R	C		T	I	G	E			U	T	S	
A	N	E	R		A	R	A	B			R	U	E	
I	D	E	E		M	A	T	E	R	I	E	L		
R	E	L	E	V	A		E	R	I					
			E	R	R	E	R		R	A	I	S		
P	A	S	S	A	I	S		T	A	B	L	E		
A	G	E		I	S	S	U	S		D	A	N		
H	E	R	B	E		O	S	E	R	A	I	S		
I	S	S	U		F	R	E	R	E					
		I	R	I		R	I	P	H	A	T			
P	E	R	S	O	N	N	E		R	O	D	E		
A	M	I		L	I	O	N		I	R	A	M		
N	U	S		E	T	A	T		S	I	R	A		

63

J	O	E	L		B	A	S			D	E	M	I	
A	R	B	A		A	G	I			O	N	A	N	
A	M	A	M		T	U	A			D	O	R	S	
R	E	L	A	C	H	E		C	O	N	C	U		
			A	S	T	R	E							
H	A	D	A	R		S	U	R	P	R	I	S		
A	D	O	N	N	E		E	T	O	I	L	E		
M	A	R	E	A	L	A		A	T	S	E	L		
			G	A	R	N	I							
V	E	R	G	E		M	A	N	C	H	O	T		
I	L	A	I		G	O	G		H	A	R	A		
D	O	R	T		A	N	E		E	Z	E	R		
E	N	E	E		D	I	S		R	O	B	E		

64

A	N	E		T	S	E	R			V	I	L	S	
B	U	L		S	A	B	A			A	R	I	E	
I	N	U	T	I	L	E	S		N	A	A	M		
			S	O	U	D	A	I	N					
A	Z	O	R			S	E	N	T					
C	Z	I	B		O	T	E	S		O	S	A		
A	I	M	A	I	S		L	U	T	T	E	S		
S	E	M		D	A	R	A		S	E	L	A		
	L	A	P	E			B	E	R	A				
		R	E	J	E	T	E	R						
N	E	R	I		E	N	S	E	I	G	N	E		
E	M	U	S		H	A	I	R		U	E	L		
T	U	E	E		U	N	N	I		E	R	I